JN166104

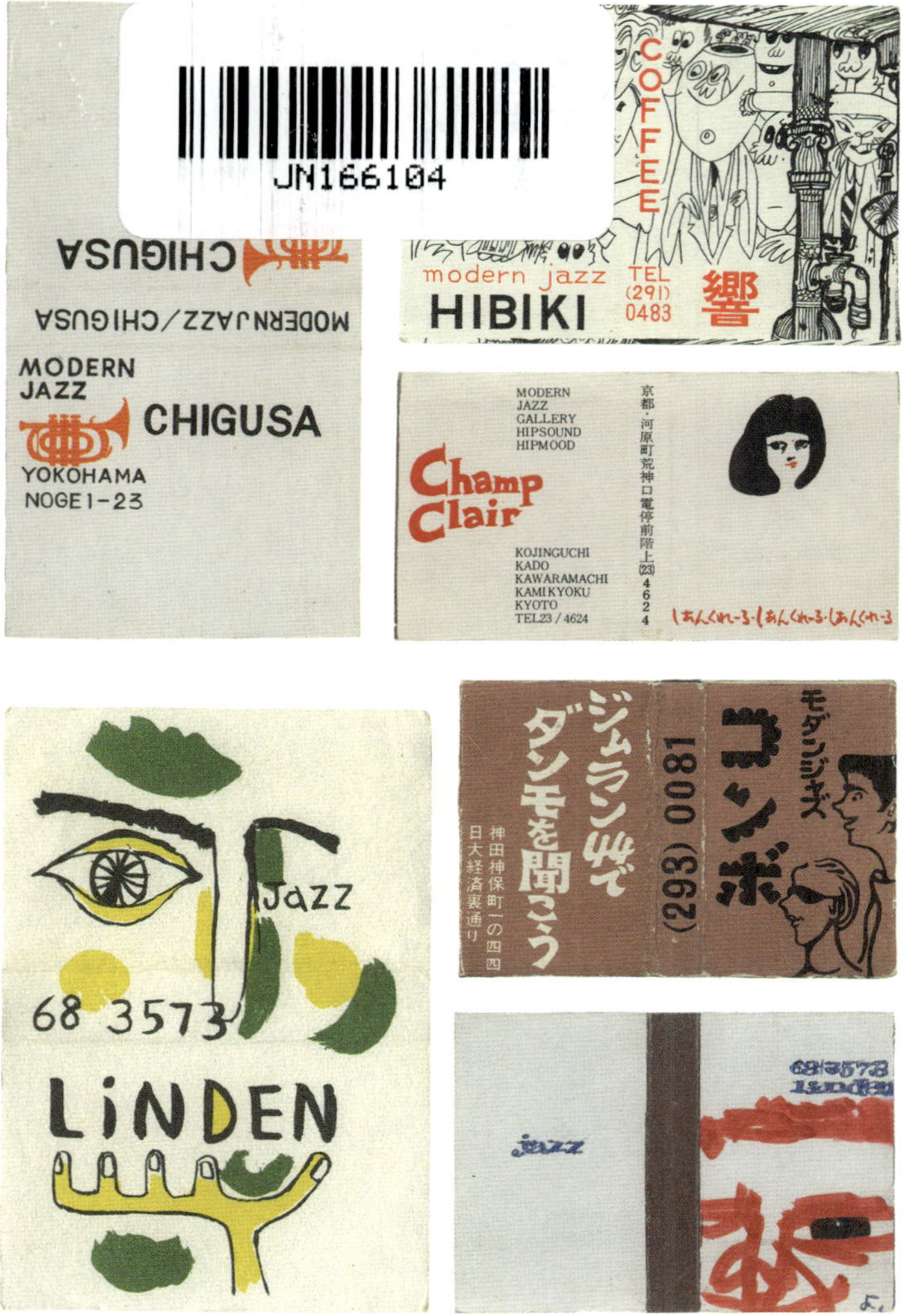
CHIGUSA
MODERN JAZZ/CHIGUSA
MODERN
JAZZ
CHIGUSA
YOKOHAMA
NOGE 1-23
COFFEE
modern jazz
HIBIKI
TEL
(291)
0483
響
MODERN
JAZZ
GALLERY
HIPSOUND
HIPMOOD
Champ
Clair
KOJINGUCHI
KADO
KAWARAMACHI
KAMIKYOKU
KYOTO
TEL23 / 4624
京都・河原町荒神口電停前階上㉓4624
しあんくれーる・しあんくれーる・しあんくれーる
Jazz
68 3573
LiNDEN
モダンジャズ
コンボ
(293) 0081
ジムランで
ダンモを聞こう
神田神保町一の四四
日大経済裏通り
jazz

VILLAGE GATE
ティーサロン
地下2階
5spot
自由が丘駅前・南風ビル
TEL (717) 9645 6
カクテルコーナー
地下1階
5spot
DOWN BEAT
ダウンビート
modern jazz
モダン ジャズ
クイン 静岡呉服町名店街 TEL(54)4017
新天地 静岡呉服町名店街 TEL(52)6531
清水 田園 清水巴町 TEL(2)3668
ニュー クイン 新天地地下
MODERN jazz
TEAROOM NEW QUEEN
CHIGUSA
MODERN JAZZ/CHIGUSA
MODERN JAZZ CHIGUSA
YOKOHAMA NOGE 1-23
MAMA
YURAKUCHO
スバル街 (201)0066
ゆうらくちょう
モダン ジャズ
珈琲
NEW ORLEANS
銀座西6の3 (572) 1581 3822
ニュー・オーリンズ

DOWN BEAT
京・四条小橋上ル TEL 23 0902
Modern
Jazz
ダウンビート

down beat
ダウンビート
三条店 2F洋酒 1F喫茶
京・河原町三条上ル一筋目東入
TEL(21)2759・(24)0741
四条店 喫茶(モダンジャズ)
京・四条小橋上ルTEL(23)0902
ダウンビート

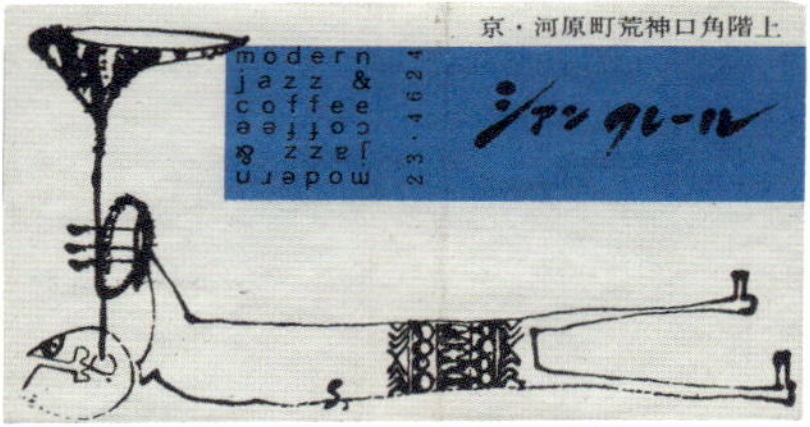
京・河原町荒神口角上階
modern jazz & coffee
23・4624
シアンクレール

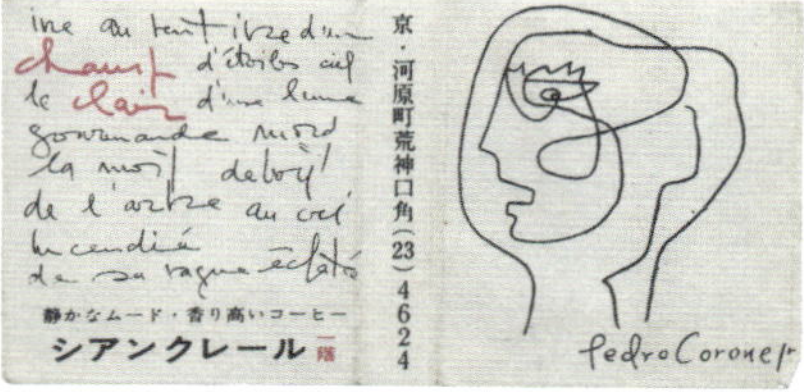
京・河原町荒神口角(23)4624
静かなムード・香り高いコーヒー
シアンクレール 二階
Pedro Coronel

吉祥寺北口・日活前
MODERN JAZZ
Funky
COFFEE AND JAZZ
GOOD ATMOSPHERE
LATEST RECORDS

COFFEE / WINE
シンバル
横浜市中区福富町西通り17・TEL（　）
MODERN JAZZ
CYMBAL

big-beat
COFFEE & JUICE
KARASUMA IMADEGAWA
DOSHISHA UNIV.
GOSYO
Hi-Fi STEREO
MODERN JAZZ SPOT
big·beat

JAZZ
ダウンビート
DOWN BEAT
京・四条小橋上ル TEL 23 0902

down beat
ダウンビート
三条店 2F 洋酒 1F 喫茶
京・河原町三条上ル一筋目東入
TEL (21) 2759・(24) 0741
四条店 喫茶（モダンジャズ）
京・四条小橋上ル TEL 23 0902
ダウンビート

MAMA
YURAKUCHO
TEL.
(201) 0066
ゆうらくちょう
モダンジャズ

Modern jazz
blue note
tel. 23-3775
kyoto
coffee & wine
blue note

JAZZ喫茶
がらん
珈琲
03(5828)0105
浅草 雷門

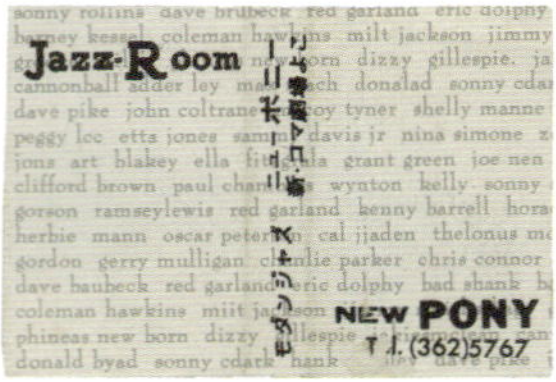
Jazz-Room
NEW PONY
T. (362)5767

ちくま文庫

昭和ジャズ喫茶伝説

平岡正明

筑摩書房

昭和ジャズ喫茶伝説　目次

銀座・有楽町界隈　105

池袋・谷根千界隈 131

高田馬場・早稲田界隈　163

渋谷・三茶・下北界隈 219

カルチェラタン界隈 265

代々木ナル

四谷いーぐる

渋谷ジニアス

渋谷メアリージェーン

小岩珈琲園

渋谷デュエット

新宿DIG

新宿木馬

新宿ポニー

新宿びざーる

新宿ワークショップ

新宿DUG

イントロ——ジャズはジャズ喫茶で聴くもの

ミントンハウスにて（河野利彦／2005年撮影）

横浜中華街「ミントンハウス」

ものすごく寒い日曜の夜だ。

ガレスピーがかかっていた。

客はほかにいなかった。

「サムシングオールド1945、サムシングニュー1963」のジャケットが、キャッシャーの後壁にかかっていた。

いま出てきた、ボキボキ枯れ枝を折るようなテナーサックスは、ジェームズ・ムーディだ。

ヒーターの前で本を読んでいるおいどんが、自分のためにかけたのだろう。

中華街のはずれ、三軒の葬儀屋にかこまれた「ミントンハウス」のある一角を、俺は横浜のニューオルリンズ的場所と思っている。すこし前まで、通りをへだてた「アンタッチャブル」という名のバーの店先に、等身大の黒人の人形を椅子に腰かけさせて、街路に出してあった。はじめての人はギョッとする。ヨレッとした綿つみ労働者の時代だ。その人形を店頭に出したバーの主人も、彼はハマに名高いバーテンダーの一人だそうだが、この一角にニューオルリンズ的雰囲気を感じているか、あるいはそう演出してみたかったようだ。

がんばってみてくれ。目と鼻の先に中村川はあるが、大河ミシシッピ的湿度はないだろう。中村川に鰐《わに》はいないしな。

百年も前には、近くに本牧のチャブ屋（外人船員相手の売春バー）もあって、紅灯街《ストーリーヴィル》の騒《ぞ》めきも絶えなかったそうだが、ニューオルリンズだって、第一次世界大戦までのつかのまの夢、紅灯街の話はたがいに大過去の彼方だが、運河に灯を落す元町のイルミネーションや、チャイナタウンから漂ってくる町の匂いが、ニューオルリンズ的だと自分では思っている。

紐育52番街バップの勝利

芸術は、せまくなければならない。

こんな寒くて乾いた日には、思い出もピンポイントでくる。

ガレスピーが、ＬＰジャケットで言おうとしている「１９４５―１９６３」の意味だが、〝１９４５オールド〟のほうは、第二次大戦終了とバップの勝利だ。ヨーロッパと太平洋の砲声が沈黙したあと、紐育《ニューヨーク》52番街にはマックス・ローチの打ち出すバップドラムスの機関銃音がつづいていた、というあれだ。ガレスピー自身がその先頭にいた。

〝サムシングニュー1963〟のほうは、よくわからん。やつはなにを考えているやら。翌六四年にはビートルズが登場して、世界のポップ音楽シーンが変るが、ガレスピーは、自分が引いたカードになにが出てこようと、あまり関係なさそうだ。1963という数字は、自分がこのレコードを吹き込んだ年という、メモみたいなものだろう。

二十一世紀に、またぎ越した現在からふり向けば、一九四五年も一九六三年も、古ぼけた中過去にかすんでいる。

後壁にかかったレコード・ジャケット。

A面の「1945 Something Old」は、禁酒法時代のもぐり酒場《スピーク・イージー》でも思わせる、古い字体と古写真を使い、B面の方は、ふつうのセンチュリー・オールド体の活字で印刷してあって、昔の演奏と、いまの演奏を、カップリングしたように見せるつくりになっているが、じつは全部、一九六三年時点の演奏である。「ビーバップ」「好餌《グッドベイト》」、三曲目が「言いだしかねて《アイ・キャント・ゲット・スターテッド》」から「夜もすがら《ラウンド・ミドナイト》」へつづけるメドレー、そして「めくるめく雰囲気《ディジー・アトモスフィア》」とバップ曲が並ぶのがA面だ。

ギザギザしたバップが夜を深める。横浜の夜は、浜風にバターを溶かしこんだようにトロッとしたものだが、今夜はナイフで切りとるようだ。

三曲目のメドレー、「言いだしかねて」が「ラウンド・ミドナイト」に変り、ここから海寄りにすこし離れて、中華街南門のデコラティブな飾りつけが、この時間ライトアップされているはずだが、人通りがなくなるとともに、古代都邑《とゆう》が海に沈んで夜光虫に蝕まれて発光しているようになり、曲の終りにガレスピーのラッパが軍隊の消灯ラッパを奏して、〽兵隊さんはつらいのネ、また寝て泣いているのネ……おやまたガレスピーの思いつき、れいのおふざけかといつもなら思うはずのところを、この夜は、本牧基地ゲート前のだだっ広いDアベニューのこちら側、絹のスカーフで顔をかくすようにして、逃げだしてくる兵隊を待つ女が見えた。

おい、いまの、いつのイメージだ。

本牧基地はとっくの昔に返還されて「マイカル」が建っているよ。米兵なんて一人もいないよ。絹のスカーフで髪をつつんで脱走兵を待つ女なんて、戦後風景だよ。

猥褻書『赤い風船あるいは牝狼の夜』

オーネット・コールマンの「淋しい女《ロンリー・ウーマン》」は、セロニアス・モンクの「ラウンド・ミドナイト」の焼き直しなんじゃないかと、かねがね思っていたが、ガレスピーが一九六三年に一九四五年を回想した消灯ラッパつき「ラウンド・ミドナイト」を聴いて、ジャズシーンを席捲するフリージャズも、パーカーとおれがやったバップ革命の手のうちにあり、という自信に聴こえた。それが彼の一九六三年だ。

この年の正月、二度目のジャズ・メッセンジャーズの来日公演があり、俺は正月二日のサンケイホールに三管編成のかれらを聴きに行き、その年の秋には、猥褻《ワイセツ》書『赤い風船あるいは牝狼《めすおおかみ》の夜』事件だ。

「犯罪者同盟」一網打尽(※――註＝新宿・ふたたび「汀」にて参照)(犯罪者同盟がなにかだって。読みすすんでくれ)。

俺のデビュー期。

その時期にも、ジャズ喫茶にいた。

ジャズは、生演奏がいちばんだというのはまちがいないが、生演奏はときどき、演奏するやつが邪魔《じゃま》だ。

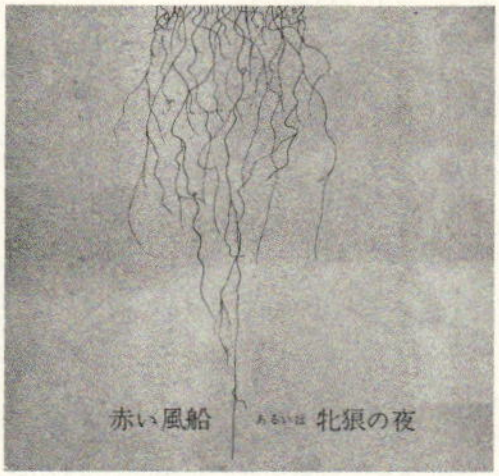

上　寒い夜、中華街はずれでかかっていたガレスピー

下　摘発された犯罪者同盟のアンソロジー『赤い風船あるいは牝狼の夜』。東京地検の押収マーク入りのものでなくて残念。

部屋で聴くと、自分が邪魔だ。

ジャズは、ジャズ喫茶で聴くものだ。

町を歩いても、モダンジャズ喫茶を見かけなくなったって?

探せばまだあるよ。

俺が二十代の一九六〇年代には、有名無名の、そして現在はほとんどが閉店してしまった、ジャズ喫茶という、コーヒー一杯でジャズレコードを聴かせる店があって、ジャズの海でポコンとぶつかる流木のようなものから、一つ眼の巨人の島のようなものもあったし、また船乗りを海底に沈める、なやましい曲線とハスキーな声の、乙女なんだか海獣なんだか、そんなものがクエッ、クエッと鳴いて、おいでおいでをする岩礁もあって、そういうところでタンコブを作った男やら、巨人に食われたやつらの想い出こもごも、すべて事実を語ると神話になる、都会という装置の蟹歩きを四十年以上つづけてきた俺が、ははは、やけに頭でっかちの主語になったが、これからが肝腎の述語だ、そのピンポイントの穴から、ここ半世紀、五十年間の都会生活情景を、シューシュー蒸気まじりに吹き出してみせようというのが、この本だ。

小田原お壕端通り「ジャルダン」

その一年前、一九六二年夏の話しをしよう。

クリフォード・ブラウンのレコードは、まだ日本発売されていなかった。小田原城お濠端の純喫茶「ジャルダン」に、ローチ＝ブラウン組のエマシー原盤があった。一曲目が「デリラ」の盤だ。

ブンド（※註――ブンド＝共産主義者同盟。六〇年安保時、全学連運動を主導する。一八四七年ロンドンでマルクス、エンゲルスの指導で創立されたBund der Kommunistenに由来）の分派闘争にいやけがさし、まるで発想のちがう「犯罪者同盟」という政治結社を結成すべく、箱根の自宅に帰り、御《み》幸《ゆき》の浜《はま》で泳いだ帰路、「ジャルダン」にまわって「デリラ」を聴いた。

トリオ・ロス・パンチョスや、ジュリエット・グレコが流れているふつうの喫茶店に、ローチ＝ブラウンのLPが一枚だけあった。

その店の再生装置は、スタックスのコンデンサー・ピックアップを使っていた。湾曲

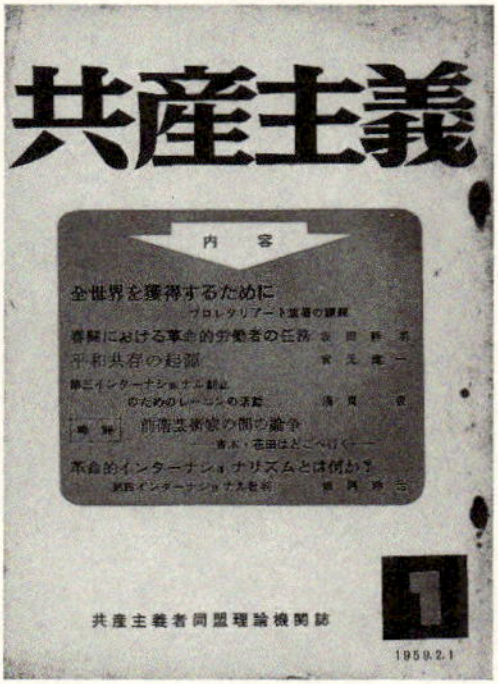

上　ローチ＝ブラウンの「デリラ」がはいった盤。城下町の純喫茶になぜかあった。
下　ブンドの機関誌。七号まで出た。スローガンは、赤色宣伝基地を建設せよ。

したアームを使い、針圧一グラム可能という、当時としては驚異的な軽針圧だった。軽針圧ということは、盤面を針がそっとなでるということだから、音が軽い。スピーカーは、コンデンサー・ツイターを使った2ウェイだった。

音は澄んで、繊細で、弱々しい。スタックスのコンデンサー・システムというのは、技術的には独創的なものだが、音に力《りき》がない。

しかし、「ジャルダン」の糸トンボみたいな音で聴いたローチ＝ブラウン「デリラ」以上の「デリラ」は、そののち他では聴けなかった。「ジョージのディレムマ」や、「ジヨルドウ」や「チェロキー」や、サラ・ヴォーンを伴奏した「ジム」は、自室のオルトフォンSPU―ダイナコ管球―アルテック・ヴァレンシアというラインアップで、気持よく鳴るのに、同じ装置でかけても「デリラ」だけは、一九六二年夏の小田原お壕端通り「ジャルダン」で聴いた陶酔感を再現してくれない。

俺は「デリラ」を封印した。

封印を解いてくれたのは、DJの相棒佐久間駿だ。四十年後のFM放送番組「めし食ってます！」で彼は言った。二十一歳のあなたの鬱勃たる野心のために、繊細な音で再現する「デライラ」の抒情にはまりこんだんです。

言って彼は、サンサーンスの歌劇「サムソンとデリラ」、マリア・カラスの独唱をかけた。

『プレンティ・プレンティ・ソウル』（平凡社）という本で、俺はこう書いた。

「異様に美しいのではない。異様な美には狂気があるが、ブラウニー即興の旋律には一点のくもりもなく美しい。デリラの誘惑に溺れる猛き男の悦楽とか、裏切った女への怒りに託された何か《サムシング》、なんてうがった解釈の余地はない。（……）あのような曲を即興できるのは未熟だからであり、未熟さがなんのためらいもなく、なんのうたがいもなく、他のことを考えず、その時点での最高の成熟に達したときの奇蹟美が『デリラ』であるから、そのような弁証法が青年に訪れるのも一回かぎり。」

一九六二年夏、俺は城下町の昼下がり、「ジャルダン」という喫茶店吹抜けの、二階から階下のプレイヤー・コンソールのわきに立てられた、エマシー原盤の薄茶色のジャケットを見ながら、ブラウニーの「デリラ」を聴いて、「犯罪者同盟」第一宣言たる「犯罪の擁護」を構想していた。

いくらスタックスのピックアップが繊細趣味だからといって、クリフォード・ブラウンが、コロラトゥーラ・ソプラノに聴こえたはずはないが、『旧約聖書』士師記の、英雄サムソンを誘惑するデリラの物語に、宣言執筆のために読んでいた、チェザーレ・ベッカリア『犯罪と刑罰』を交叉させてもおかしくない。

佐久間駿によって、ブラウニー「デリラ」の封印を解いたが、俺は「デリラ」と発音し、ジャズでは「デライラ」と発音することを、現在では知っているが、「デリラ」と言うのを変えないのは、一九六二年夏のためだ。

氷砂糖の味を思い出す。

一片を口にふくんで沖へ泳ぎだすのだ。氷砂糖がないと塩辛くてかなわない。ふつう浮き身で逆さになって青空を眺めるには、氷砂糖がないと塩辛くてかなわない。ふつ

うのキャンディだと喉《のど》がかわく。

十分に身体を冷やして海から上がり、灼けた砂に倒れこむと、ツーンとくる磯臭さと氷砂糖の甘さに細胞が生き返って、真水のシャワーを浴びて、そのあとのコンデンサー・システムで聴く「デリラ」だった。

デリラにしようよ。ゴリラをゴライラといいますか。

「サムソンとデリラ」

「デリラ」は、たとえようもなく美しい曲だが、『旧約聖書』士師記の「サムソンとデリラ」は、血ぬられた物語である。

イスラエル族のマノアの妻は、石女《うまずめ》であったが、あるとき、神の使いがあらわれて夢の中で告げる。お前は男子を授かる。その男は、長じてイスラエルの英雄になって、ペリシテ人をこらしめるが、その生まれてくる男子は、胎内にあるときから神に献げられており、生まれたら剃刀を頭にあててはならない。生まれた子はサムソンと名づけられ、

長じて、獅子を素手でしめ殺す剛力《ごうりき》を発揮した。

サムソンは、敵対するペリシテ人の娘に恋した。結婚はゆるされなかった。サムソンは女の家に出かけて結婚を迫り、ペリシテ人の男たちと謎々の賭けをした。負ければ三十人分の衣服をペリシテ人に与える。

ペリシテの女は、サムソンからききだして謎々の答えをペリシテ人に教えた。賭けに負けたサムソンは、アシケロンに行き、三十人の住民を殴り殺して衣服を奪いとり、賭けに負けた分を支払った。

サムソンは謎々の答えを教えた女に立腹して、家へ帰った。侮辱された女の家では、女を他の男に嫁がせた。

その後しばらくして、小麦のかりいれの時、サムソンは女の家を訪れて、女を自分のものにするようにかけあった。彼女はすでに人妻だった。

怒ったサムソンは、松明《たいまつ》に火をつけてペリシテ人の収穫に火を放った。怒ったペリシテ人は、サムソンを拒んだ同胞の父と娘を焼き殺した。そうと知ったサムソンは、また怒ってペリシテの村人たちをめった打ちにして、エタムの巨岩の割れ目にかくれた。

ペリシテ人は、軍隊をひきいてサムソンを山狩りし、ユダヤ人にサムソンを捕縛するように命じた。同族相食《あいは》ませようというのである。

サムソンとユダヤ人が協定した。ユダヤ人はサムソンを捕え、ペリシテ人に引渡すだけである。サムソンを殺すものではない。

サムソンは、二本の新しいロープで縛られて、ペリシテ人に引渡された。ペリシテ人が襲いかかろうとすると、神の怪力がサムソンに宿り、いましめをひきちぎって、かたわらにあった驢馬《ろば》の顎骨をとりあげて、ペリシテ人の軍隊一千人を撲殺した。

デリラが登場するのは、それからである。サムソンは、デリラという名の、これもペリシテの女とねんごろになった。ペリシテの諸侯は、こんどこそサムソンを殺そうとデリラにふくめて、サムソンの怪力の秘密を探らせる。

デリラの問いに、サムソンは三回答える。

日に乾《ほ》していない真新しい七本の弓弦で縛られたら動けない。新しい荒縄で縛られたら動けない。自分の髪を、機織にしかけてある糸と一緒に織りあげてしまえば動けない。

どれも嘘だった。私をだましたわね、とデリラに迫られたサムソンは、四度目にほんとうのことを言った。

秘密は髪の毛だ。この髪を剃られると力が出ない。

デリラは、自分の膝枕《ひざまくら》でサムソンを眠らせ、その髪を剃った。サムソンの怪力は失せ、捕らわれた。

ガザに引かれたサムソンは、眼をえぐられる。ガザに盲《めし》いて、という語源である。青銅の足枷をはめられ、牢屋で粉挽《ひ》きの労働を課せられた。

ペリシテ人の勝利の祝祭である。彼らはペリシテの神ダゴンに、サムソンをいけにえに捧げようとひきだし、神殿の柱につなぐ。サムソンは、ユダヤの神ヤハウェに祈る。力を返してくれ。自分のえぐられた眼の、仕返しだけでもしてやりたいのだ。

サムソンに怪力がもどり、ダゴン神殿の基柱二本をおし倒して、サムソンも死んだが、崩れるダゴン神殿の下敷きになって、サムソンがこれまで殺してきた、敵の人数より多いペリシテ人が死んだ。

とんでもない邪教だ。

一九五四年八月、クリフォード・ブラウンは映画「サムソンとデリラ」を観て、デリラ役女優ヘディ・ラマーの妖艶さと、ヴィクター・ヤング作曲の音楽の美しさのままに「デリラ」を演奏した。

それから七年後、ウェス・モンゴメリーとミルト・ジャクソンは、これもすばらしく美しい「デライラ」を演奏した。テーマがあり、ミルトのソロがあり、その次に出てくるウェス・モンゴメリーの、オクターヴ奏法によるソロに、怒りを感じさせるなにかがある。

すでに合衆国黒人は、キリスト教を全面的には信頼していない。ウェスが、その時点で、旧約聖書にどんな感情を抱いていたかは、わからないが、黒人ジャズメンのだれもが、「サムソン」という曲を作って演奏をしていないことが事実だ。

掠奪者、放火者、殺戮者サムソンの邪悪な力の根元が、どこにあるかをさぐるデリラの立場に立って、ミルトやウェスやウィントン・ケリーが、この美しい曲を演奏している。しかし、クリフォード・ブラウンの方がより美しいのである。

一九六二年夏、「ジャルダン」でクリフォード・ブラウンの「デリラ」を聴きながら、チェザーレ・ベッカリアの『犯罪と刑罰』を読み解いて、「犯罪者同盟」第一宣言を構想していた俺の直観は、クリフォードの無垢と、自分の野心の音だったのである。

小林旭、アニバル・トロイロ

「ミントンハウス」に、バーボンが匂った。俺は匂いの党派性に敏感だ。石炭がらの臭《にお》いがすれば玄洋社《げんようしゃ》である。榊、黒檀、除虫菊、桐《きり》のタンスに和服をしまったナフタリンの臭いがすれば、農本ファシストか日本浪漫派である、と俺の右翼思想論『あねさん待ちまちルサンチマン・西郷隆盛における永久革命』ははじまる。

横浜住いをするようになってからも、長い間、中華街のはずれにあるこの店に顔を出さなかったのは、カウンターと後壁の柵に並べられた、ボトルキープのバーボンの匂いになじまなかったからだ。

中華街は町の匂いがちがう。漢方薬と白酒《パイチユウ》の匂いだ。

その中国的な匂いとバーボンの匂いと、隣りの葬儀社で法事があるときの線香の匂いがミックスされて、独特の、ちょっとノスタルジックな植民地くささがあり、「ミントンハウス」の重い木の扉を押すと、ジャズの音と、バーボンの匂う薄闇の中にいるオイドンの姿が浮き出てくるところが、いうところの「ニューオルリンズ的」なのだ。川上、という本名で呼ぶことはほとんどない。松本零士の「男おいどん」に似た外貌だからだ。

やがてバーボンの匂いになれた。高粱《こうりやん》主体に雑穀で作る中国の白酒や、日本の焼酎にいいものが出まわってきたと言う飲み助とつきあい、ジャズ喫茶の酒の匂いは、陽向くさいトウモロコシのバーボンが似合うと思うようになった頃から、「ミントンハウス」ボトル・キープの酒瓶に、「ひろみ」と書いた瓶がないかと眺めている。

「ひろこ」というのはあったがね、ひろみと、ひろこじゃちがうよ。ひろみは在日、ひろこは、ただの日本人の女だ。

おっ、今夜はきめつけるね。

「昔の名前で出ています」という歌があるだろ、小林旭の。京都では忍、神戸では渚、ハマの酒場に戻ったいま、ひろみという昔の名前で出て、瓶のラベルに男の似顔絵を描いて、流れ女の最後の止まり木に、男が止まってくれるのを女は待つ。作詞は星野哲郎だ。横浜で聞くと、ひろみという女の姓は「李」というのじゃないかと思う。李弘美。いそうだろ。民族的存在だなんてのは、港町ではあたりまえだ。この女の本名が、外国人のものだとわかって出てくるのは、階級的存在としての流れ女ということだ。「ミントンハウス」の酒瓶に書かれたサインや花押、漫画的な似顔絵、デザインの端緒的形態といえよう小さな私有制の飾り絵といった、そういう一つ一つが、小さなすみれの花の自我を主張している酒瓶の文字のなかに、一つ一つが背負った物語を想像できるのだ。

小林旭が高い音程《キー》で、堅気っぽく歌うこの古い流行歌の主題は、ズベ公の純情である。階級的存在としての流れ女の底には、一人の純なズベ公がいる。

星野哲郎の歌詞に描き出された、忍も、渚も、ひろみも、これはタンゴ「チェ・バンドネオン」に出てきて気にいっている浮かれ女の名だが、ミミや、ニノンや、エストレシータも、わがプロレタリアートである。

ミミや、ニノンや、エストレシータも死んだ。

アニバル・トロイロは、そういうふうに曲を作っている。華やかなキャラコのドレスに身をつつんで踊っていても、最後に身にまとうのは、レーヨンの死装束だった。だったら、ひろみも死んだだろう。想像だよ。隣りが葬儀屋だ。

バーボンが匂ったのは、ガレスピーの盤がおわって、おいどんが盤を換えに、ヒーターの前を動いたからだ。

新宿界隈

新宿「汀」——一九六三年

昼下がりの「テイク・ファイブ」

新宿駅を甲州街道口に出てくれ。いまは南口というのか。再開発される前の話だ。出たら左手へ行く。甲州街道の陸橋が、京王線や小田急線から貨物入換線まで、何本あるか数えきれないほどの線路を跨いでいる広大な橋だ。

だらだらと明治通りに達する。明治通りに出る前に、はげちょろけた石の階段を下りて、台湾料理屋、となんだかよくわからない闇《やみ》だまりの前の、アンモニアくさい道を左へすこし行くと、「鈴平《すずひら》」という古本屋、古いシネマの「新宿国際劇場」、道の両側の大きなパチンコ屋をはさんで、角に、編集者とのうちあわせによく使った「ポルシェ」という喫茶店のあるところを右に曲って、小料理屋や九州ラーメンの店を過ぎるともう一軒、日活系二番館があって、その手前に、モダンジャズ喫茶「汀」があった。「汀」と書いて「なぎさ」と読む。

ガレスピーさん、あなたの一九六三年はわかったが、(※——註＝イントロ参照)俺の一九六三年といえば、春休みだったと思うが、新宿「汀」の石油ストーブに尻をむけて、アイススケートでぬれたズボンを乾かしていた。

昼下がりだ。

この時間は、店は仕事をはじめたばかりで、スケート帰りの俺と、宮原安春（現在ノンフィクション作家の）とあとほかにいたかな？

その時かかった曲は「テイク・ファイブ」だった。昼下がりのジャズ喫茶に、午後五時過ぎのメロディが流れたっていいだろ。

「汀」一階のスピーカーが変った。この店は黒いのが主体だから、アクの強さに店員が疲れたか、あるいは取り換えたスピーカーの音色《ねいろ》をたしかめるために、ブルーベックの白人ジャズを、開店早々に流したのかもしれない。

入れ換えた新型は、型番は忘れたがコーラルのフリーエッジにした二〇センチ同軸型だった。高音はホーン型だ。当時パイオニアのPAX20F型と競って開発された、ハイ・コンプライアンス型（柔らかバネ型）というやつで、宣伝文句では「スカイバーエッジ」という、禿げ頭の頭の皮を剝《は》いで張ったような語義不明の新技術の、どんな音がするか興味があった。

ブルーベックのピアノはイモだが、盲目の白人ドラマー、ジョー・モレロの踏むバスドラの皮の震えをとらえて、なかなかだった。

太鼓の皮の震えを聴くのが目的ではなくて、尻を乾かすのが目的だ。そのときはじめて、完全燃焼石油ストーブ「パーフェクション」の現物を知った。耐熱ガラスをとおして、青い炎が見える。完全燃焼した青い炎は、ススが出ず、臭わず、灯油も節約できると宣伝された。北欧製だからボルボのように頑丈で、アニタ・エクバーグの肉体のように豪勢に熱くなる、ほら「甘い生活」のさ、と店主が思ったようで、小さな石油ストーブのまわりに、ルンペンストーブのように金網でかこいがしてあった。

小学校のストーブ、弁当箱、マリリン・モンロー

ルンペンストーブは暑かった。小学校の各教室に一台ずつ置かれていて、ストーブ当番の生徒が、バケツ山盛り一杯の石炭を用務員室からもらってきて、ひねった新聞紙を付木にして火を燃やす。なかなか燃えつかない。空気穴を全開にして、ノートなんかでバタバタ煽ってようやく燃えはじめる。

燃えはじめに黒煙が出る。ストーブの一端に、土瓶の注ぎ口みたいな排気孔があって、この排気孔にブリキ製の煙突がつながっていて、これが教室を横断して窓外につき出て、つき出た部分が、H字型の煙突排気口になっている。

冬の朝の一時限目には、小学校のどの教室からも、蒸気機関車みたいに、黒煙があが

っていたものだ。

あのストーブは、ほんとに蒸気機関車みたいだった。一クラスに一人、石炭を効率よく燃やす機関助手みたいな生徒がいて、彼がルンペンストーブを担当したときは、短い時間で火が安定し、黒煙も消え、ストーブ本体ばかりか、教室を横断する排気パイプがスチーム代りになる。

燃料は、石炭でも薪でも廃材でもいいから、ルンペンストーブといい、じゃんじゃん燃えはじめると、ズングリした鋳物の鉄が真赤になるから、ダルマストーブともいう。そうなると、とても暑くて近づけない。危険防止のために、まわりに金網の枠を置いたのである。

ちょっと暑すぎるね、と担任教諭が言うと、ストーブ当番は、自分の優先第一事項みたいな顔で出てきて、火掻き棒でふるいの把手をゆすって、灰をストーブ底の灰だめに落し、空気取入れ口を細め、炎を安定させれば、当番の仕事は基本的におわりだ。

そしてこの金網に、生徒たちは、まだ学校給食のない時期だから、昭和二十五年頃だが、布でつつんだ弁当箱をつるしてあたためた。魚の乾物や漬物が蒸された小学校教室の臭いは、想像にお任せする。

一九五四年二月、マリリン・モンロー、ディマジオとの蜜月旅行《ハニムーン》に訪日。途中、朝鮮戦争戦場へ米軍兵を慰問。寒さに泥濘が凍りついた前線で、がくがく震えながら鳥肌を立てて、しかし、兵隊たちの歓呼に反応している肌を、桜色に染めながら歌うマリリンがすばらしかった。

それは寒いのか、熱いのか。

「汀」の店主は、ダルマストーブの戦後的な温度を知っている人物だったから、「パーフェクション」という石油ストーブも、小型の割にとほうもなく発熱すると思って、金網でかこったのだろう。しかし「パーフェクション」は大したものではなかった。

北欧の家屋には、居間にデンとした暖炉があり、持ち運びのできる石油ストーブは、物置で作業するときに洋燈《ランタン》に並べておいて使うか、あるいは家畜が凍死しないように、小屋の隅にでも置くものかもしれない。

「パーフェクション」は、青い炎の出る燃芯式石油ストーブに過ぎないとわかって、傍役にまわることになる。

一九六三年春、「汀」の二階でアイススケートで濡れたズボンの尻を「パーフェクション」に向けて乾かしたのは、ルンペンストーブの最後、高度成長経済にはいって、石油危機なんてだれも想像せず、新式の暖房具が次つぎに登場して、日本人がコートを脱ぎはじめた最初ということになるだろう。

ジャズ喫茶の臭いは、石油ストーブとファンキー・ジャズが一番よかった。

「汀」でしばらく石油ストーブに尻を向けていると、ズボンから湯気が出はじめ、なまぬるく、眠くなった。フリーエッジの二〇センチスピーカーから出る音も、ダンボールを叩くようなブルーベックのピアノも、俺の尻も、だるい。

ブンド男の尻の臭いさ。においかね？

「汀」が真に「汀」らしかったのは、まだ二階でビッコのスピーカーを使っていたこの時代だ。

古いジャズ雑誌から

大橋巨泉、油井正一、いソノてルヲ

すこし前まで、ジャズはラジオで聴くものだった。

古い雑誌を当ってみよう。

「スキング・ジャーナル」一九五九年七月号にジャズ放送番組、ジャズとポピュラーの生放送、ディスク・ジョッキーの人気投票中間報告が出ている。

番組人気トップはNHKの「リズム・アワー」が四七二票、ラジオ東京「イングリッシュ・アワー」二三二票、英語放送VOA《ボイス・オブ・アメリカ》の「ジャズ・クラブ」が一一三票、四位がラジオ関東の「ディキシーランド・ジュビリー」と「ミッドナイト・ラジオ」で六〇票の同数、六位が「S盤アワー」三十六票で、日本文化放送協会だ。七番目が「ジャズへの招待」(数不詳)、八番目が関西へ飛んでラジオ神戸の「ジャズのスターたち」で三十三票。

この時点での新譜評は十四点で、レコードと評者名および採点をいくつか出しておくと、新旧ジャズメンのジャムセッション「五十二番街」が、大橋巨泉担当で三星。コロムビア盤「ビックス・バイダーベック」が油井正一で満点の五星。「シナトラとダンスを」が大橋巨泉四星。「ベニイ・グッドマン・ゴールデンエイジ」藤井肇三星。「ドラム・ファイア」というチコやブレイキーのトラックもまじったオムニバス盤がいソノてルヲで三星プラスおまけ。

「ロンドン・ハウスのサラ・ヴォーン」が大橋巨泉四星。「カウント・ベイシー・ピアノ」と称するベイシー四重奏団のが油井正一で満点。あとはグレン・ミラー楽団、白人のディキシー楽団、鈴木章治とリズムエースなどがあり、「ニューポートのブルーベック」に油井正一が満点。出色は「キーピン・アップ・ウィズ・ザ・ジョーンゼズ」というジョーンズ家のハンク、サド、エルビン三兄弟競演というやつがあって、いソノてルヲが四星。モダンジャズといえるのはサラ、ジョーンズ兄弟、ブルーベックの三枚くらいか。

ラジオと比べてみると、ジャズレコードの発売はパラパラで、ほとんどのジャズ・ファンが、ラジオ放送からジャズをとっていたことがわかる。NHKと民放第一号局ラジオ東京、後に名をなしたずいぶん多くの音楽家たちが、あちらの流行をとるために耳をすませていたと回顧する進駐軍放送と伍して、ラジオ関東、ラジオ神戸が健闘している。この二つは短波である。

右上　一九五〇年代のSJ誌。表紙写真はニール・ヘフティ。
左上　ジュリー・ロンドン
右下　ペギー・リー
左下　ジェリ・サザーン

「スヰング・ジャーナル」とMJL

さきの「スヰング・ジャーナル」一九五九年七月号の、「有力ジャズ喫茶御自慢LP」欄から、当時の有力ジャズ喫茶を紹介しよう。

新宿「きーよ」、浅草「サウンド」、水道橋「スイング」、横浜「ちぐさ」、中野「ロン」、巣鴨「かど」、上野「イトウ」、渋谷「デュエット」、新宿「汀」、有楽町「ママ」、京橋「ユタカ」、新宿「木馬」の十二店である。

これがのちMJL《モダン・ジャズ・リーグ》の中核になる。俺が行ったことのない店は、浅草の「サウンド」と、京橋「ユタカ」と、巣鴨「かど」の三軒。「かど」は、国電巣鴨駅千石方面駅前広場の角にあって、高校時代、毎日その近くを通っていたが、はいらなかった。

すると「かど」は、あのマージャン屋の隣だったのだ。

学校の帰り、遠藤、宮川、山添、志村、根藤……不良ではなく、頭のいいリーダー株の級友たちがパイをかきまわした店。タバコを吸い、ラーメンやチャーハンをとって食うかれらが、大人びて見えたマージャン屋の隣が、ジャズ喫茶だったのか。

俺はマージャン、将棋、碁を覚えなかった。アタマが悪くて、ルールが覚えられなかった。

あの店の、その月の御自慢LPは、レッド・ガーランド「オール・カインド・オブ・ウェザー」、コルトレーン「ソウルトレイン」、アーマッド・ジャマル「バット・ナット・フォー・ミー」、ソニー・クラーク「クール・ストラッティン」の四枚である。だいぶ本格的だ。もし、高校の帰りに「かど」にはいったら、俺の音楽観も二年はやく変ったかと想像してみるが、わからんね。

他の店の自慢の盤も、モンク、シルヴァー、ブレイキー、モブレイ、ゴルソン、トレーン、ロリンズ、ＭＪＱ、マクリーン、キャノンボール、ルー・ドナルドソンと、黒い

右上　鹿児島の「モダンパルス」。
中山信一郎が発行。
左上　國學院大学モダンジャズ研究会雑誌
右下　杉田誠一が発行人
左下　ヨーロッパジャズへの関心強い。

精鋭が揃えられていて（さすが水道橋の「スイング」だけが、ジェリー・ロール・モートン、エドモンド・ホール、ヴィック・ディッケンソンとモダン派にそっぽを向いている）、同じ月の新譜評欄のジャズレコード発売十四点、うちモダンジャズらしい盤が三枚という貧弱さとくらべると、いずれジャズ喫茶時代が到来することをしめしている。ディスク・ジョッキー人気投票を見てみよう。カッコして「解説者・アナウンサー」とある。

一位・河野隆次二七三票、二位・油井正一一五六票、三位・牧芳雄一二八票、以下、久保田二郎一二〇票、志摩夕起夫一〇五票、小島正雄九三票、いソノてルヲ八四票、関光夫七三票、大橋巨泉五七票、十位が国一朗三七票である。司会者はこれと別で、ロイ・ジェームスが二七六票で一位、以下小島正雄、志摩夕起夫、いソノてルヲ……とつづく。

これでみると、ジャズ評論家とは放送番組を持っている解説者、アナウンサーでもあった。河野隆次はディキシーとスイングに明るく、牧芳雄は慶大派の総帥で、馬術の名手で優勝のトロフィー数々、精神科のドクターで、富豪だ。司会者第一位のロイ・ジェームスはトルコ人で、巻き舌による「トリス・ジャズ・ゲーム」の司会で有名。ラジオ番組を持たないジャズ評論家に、野口久光、藤井肇、植草甚一などがいた。

ジャズ・メッセンジャーズ来日とジャズ喫茶

以上が、一九五九年七月号時点のジャズ雑誌からだ。

それから一年半ののち、一九六一年一月のジャズ・メッセンジャーズ来日が大きい。番組、レコード、ジャズ批評家のすべての面で、モダンジャズ一色にきりかわった。

ＭＪＬ・モダンジャズリーグ会報・年四回発行「ジャズ・ヴォイス３」というパンフ

右上　ジャズ同人誌は、ジャズ喫茶で売っていた。
左上　左翼的で理論水準が高かった。
右下　「木曜評論」。関西のジャズ同人誌。邦文タイプの横組み。
左下　SJ誌の対抗馬として出た商業誌だったが、2年つづかなかった。

レットが、資料箱から出てきた。発行年月が出ていないが、四枚のMJL推薦盤、ボビー・ハッチャーソンの「ハプニングス」、ローチ「ドラムス、限りなき前進」、ロリンズ「アルフィー」、コルトレーン「ヴィレッジ・ヴァンガード・アゲイン」の発売が、いずれも一九六六年一月〜五月のものだから、六六年夏季号だ。編集責任者中平穂積、吉田衛とある。

最老舗「ちぐさ」のおやじさんと、学生経営者だった「DIG」のマスターの並記だな。このときのMJLメンバーをかかげる。

上野「イトウ」、中野「ロン」、御茶の水「ニューポート」、歌舞伎町「ポニー」、横浜「ちぐさ」、東銀座「オレオ」、有楽町「ママ」、小岩「珈琲園」、新宿「DIG」、日暮里「シャルマン」、新宿「木馬」とこれも十一軒である。「かど」は潰れている。

一九六六年というのは、MJLの「晩年」だったのではないか。

一九六五年五月には、日本ジャズシーンの革命がはじまっていた。富樫雅彦カルテット結成である。ドラムス富樫、ピアノ山下洋輔、テナーサックス武田和命、ベース滝本国郎である。

同年十一月、渡辺貞夫帰国、六六年夏からその年いっぱいの、エルビン・ジョーンズの大麻嫌疑による長期滞在中の若手教育と、弧を描いて上昇し、銀座をふり切って新宿に拠点を移し、燎原の火と燃え盛っていった。日本のジャズ演奏が飛躍しはじめて、あちらのジャズの最尖端のレコードを直輸入して、求道的に聴き込むというかたちでの、ジャズ文化導入を荷ったMJLの時代が黄昏つつあった。

MJLがリーダーシップを発揮した時期は、一九六〇年代の最初の五年間だったろう。この時期の推進役は、中平穂積だったろう。かれに学生運動の経験はないと思うが、俺はかれに、自分と同じような気質を感じていた。

二幸裏「DIG」——新宿ジャズシーン

オスカー・ピーターソン

新宿二幸裏、一階に、新宿一安い洋定食たるロールキャベツ定食を食わせる食堂（二八〇円だったか?）、二階が「アカシア」というジャズを流す酒店、三階が「DIG」で、中平穂積経営の第一店。

コルトレーンの新譜は、まず「DIG」からだった。

コルトレーンの「DIG」を語る前に、オスカー・ピーターソンの「DIG」を語ろう。

出来た当初から評判の高かったこの店に、はじめて足を踏み入れたとき、かかっていた曲がオスカー・ピーターソンだった。拍手の音がはいっていた。ライブ盤だ。一曲終ったところだ。

やがて、響音ペダルを踏んだテンポなしのピアノ前奏があって、ツッツン、ツッツンとベースの高弦からオンテンポになる。雄大な低音がズズーンと来た。間髪をおかずピアノの和音がグワーンと来た。

「オン・グリーン・ドルフィン・ストリート」だった。

そのとき、蒸気機関車のピストンが動輪を半回転させるような、ベースとピアノの力強さに、天井近く、日本間なら鴨居の上の空間に横に並べられたスピーカーボックスが、転げ落ちてくるように感じたのである。

のち、こんな印象を俺は書きとめている。

「一九六三年六月十日、その夜は、どうしたことかオスカー・ピーターソンばかりきかされた。バップ・ピアノのばらまかれたマニキュアのつめばかりひからせている指がはじきだすよだれが、瘋癲女の胃袋か、または狂人色の囚人のあばら骨で胡瓜の脅迫を喰っていた。おまえは公衆便所の換気孔のなかにもぐりこんで、月にたわしをかけてるみたいな陰毛ひげばかりのさばらせておくもんかい、とわめいた。それでトラホーム付色眼鏡ごしにコンセントのふたつの穴をつまみあげて情交を強要するはめになったんだが、そのときいらい、片足をぴくんとあげて、とうとうギャングの頭目になったんだねえ。それでその夜のあけがたの局面が、オスカー・ピーターソン風に進展したのも無理はない。」（「韃靼人《だったんじん》キリーロフの古典に平岡正明が鼻薬をきかしたシャルル・フーリエに献げる犯罪革命戦術またの名を犯人あてクイズ付偏執狂的傲慢の序説」『韃靼人宣言』）

一九六三年六月十日というのは、「DIG」ではじめて、オスカー・ピーターソンを聴いた夜ではない。「犯罪者同盟」第二宣言（※——註＝「第一宣言」はイントロ参照）の想を求めて、あるいはつき動かされて、深夜の新宿を徘徊し、「DIG」と、もう一軒、どこだったかなあ、ジャズ喫茶にはいり、そのどちらでもオスカー・ピーターソンがかかって、そのときの「トリクロチズム」の描写なのである。

「瘋癲女の胃袋」「胡瓜の脅迫」というのは、腹が減って一軒目のジャズ喫茶を出て、歌舞伎町「スカラ座」斜め前の天丼屋「鶴亀」で、酸っぱい天丼を食ったことを意味する。アミノ酸醤油と称したが、木屑から作るといわれた安い調味料の味だ。

「瘋癲女の胃袋」というのは、フーテン娘に飯を食わせてやったからだ。「瘋癲」と漢字を使っている。

まだ日本版ヒッピーたる新宿フーテンが、ポピュラーになる前だ。

映画「乾いた花」

蔦のからまったクラシック喫茶「スカラ座」は、石原慎太郎原作の映画「乾いた花」(監督篠田正浩)で、池部良扮する戦後派博徒が、山茶花究《さざんかきゅう》扮する、対抗する組の組長を刺殺する舞台に使われたはずだ。

ヴェルディの「運命の力」が鳴っている。

山茶花究が聴き惚れている。

階段を登って池部良が近づく。山茶花究の前に立つ。

眼をあける。

刺す。

音楽は武満徹だ。

原作、映画ともに舞台は横浜だが、刺殺シーンは新宿「スカラ座」を使ったのではないか。「乾いた花」は任侠映画ではない。日本版ヌーヴェルバーグである。原作は一九五九年、映画化は一九六四年。

「犯罪者同盟」第二宣言のインスピレーションを求めて、新宿を彷徨していたのとほぼ同時代に、傑作「乾いた花」の殺人シーンが、「スカラ座」で撮影されていたのかもしれない。

時間の前後を言えば、映画館「ミラノ座」と喫茶店「スカラ座」はどっちが先か。二つあわせてミラノのスカラ座。町も、ときどき冗談をやる。

日付がはっきりしているのは、第二宣言のために論理的に想定しておいた革命家「韃靼人キリーロフ」が、角筈のあたりにあらわれて、朝一番の小田原行き小田急に乗って箱根に帰る途中、車中うとうとし、窓越しの直射日光で目をさました厚木のあたりで、かき消えてしまった日付である。

第一宣言が、箱根須雲川に潜ってヤマメを刺し、小田原御幸の浜で泳いで灼けた砂につっぷし、小田原城お壕端の藤棚をとおって、ジャルダンで「デリラ」を聴いて書いたものなら、第二宣言は、「DIG」を中心に、夜の新宿をさまよって幻想したイメージが主力である。

はじめて「DIG」へ行ったのは、その数ヶ月前だ。その時の新宿「DIG」第一店の初代スピーカー・システムは、大型バスレフ箱入りの国産品を使っていた。

低音が三〇センチ径のコーラル12L―2、中音が二〇センチ径の8L―1、高音がコーラル製ホーンツイターの傑作H―1、この三本をクライスラーというキャビネットメーカーの箱に、縦一列にまとめた箱入りスピーカーとしては、国産最大型を横に二台並べていた。

横浜曙町ストリップ小屋「セントラル」

どうして一目で、使用スピーカーがわかったかというと、横浜曙町のストリップ「セントラル劇場」が、これと同じものを舞台袖に置いていたからだ。

東京では全ストはなかった。横浜セントラルにあった。

当時、京浜東北線省線電車は桜木町までで、曙町というのがどこにあるかわからなかったので、横浜駅からタクシーで行くと、東京のにくらべると、下顎がつき出た感じのするチンチン電車の走る一角に、めざすストリップ劇場はあり、劇場の隣にラーメン屋がついていた。

中仕切りはあるが、劇場の中からもソバを食いに行けた。白いスープの、博多ラーメンというものははじめてだった。ストリップを見たあとで、白濁したスープというのは気色わるかったが、美味かった。

ストリップは誠実だった。出てきた踊り子たちはだれもが脱いだ。「誠実」というのは、当時の慣用語だ。学生のデモ参加を妨害しない教授は、「誠実な学者」であり、脱ぐストリッパーは「誠実な踊り子」だった。

踊り子は玉石混淆だった。陰毛が見えるというだけで得した気分になり、贅沢な気分にもなった。ストリッパーの技術というのは、たくみに隠すことではなく、隠していたものが、うっかり見えてしまったように演出するものだということがわかった。

その誠実な舞台で、レコードのマンボや、「ダニー・ボーイ」や、歌謡曲を鳴らしていたのがコーラル製大型3ウェイだった。

一九六二年夏休み、結成されたばかりの「犯罪者同盟」は九州へ行く。大分県日田の同盟員の実家を根城に、炭鉱地帯を歩き、博多に出て中洲の川丈《かわじよう》座でストリップを見た。これが全ストを見た最初だ。

九州行きは、一九六〇年の夏休みに三池闘争に行かなかった「つみほろぼし」に、坑夫が地底に「緊急退避」して戦う大正炭坑を巡礼したものだったが、その帰りに、ぜんぜん罪ほろぼしではなく、ストリップを見て感動した。

ストリップ小屋の伴奏音楽なんて、当時は気にするものがおらず、針音だらけのドーナツ盤か、ひょろひょろと回転ムラのあるテープをかけて、トランペット・スピーカーで場内に流すようなことも平気でやっていた。

ギターが深沢七郎、歌手に宝とも子、黒岩三代子、高英男らを起用した日劇ミュージックホールは、夢みたいな別格として、博多の川丈座は踊り子の「誠実」をもってし、「横浜セントラル劇場」では、加うるにコーラル製スピーカーから、ちゃんとハイファイ音が出ていた。

ハイファイ、パイオニア、コーラル

ストリップ劇場舞台袖に一本立てて、ハイファイ音を鳴らしたスピーカーが、「DIG」のオスカー・ピーターソンで真価を発揮した。中音用に起用した8L―1と、縦置き型スピーカーを二台横に並べた効用だろう。８Ｌ—１というのは、ほんらい二〇センチ・ウーハーなのである。

当時パイオニア（福音電機）とコーラル（福洋音響）の両スピーカーメーカーは、ことごとく競い合って、パイオニアが二五センチ・ウーハーＰＷ25Ｃと、一二センチ中音ＰＭ12と、矩形のホーン・ツイターＰＴ３を縦長《トールボーイ》バスレフ箱に入れて家庭用最高級を誇れば、コーラルは、負けじと三〇センチ・二〇センチ・九センチ口径丸型ホーン・ツイターを投入して対抗した。

パイオニアが女優淡路恵子を起用して、葛飾の安田邸＝旧華族邸洋館の芝生の庭でスピーカーと並べてニッコリ微笑させれば、コーラルは南風洋子と思うのだが、サックドレスを着たカマキリ顔美人に、「完璧な玲瓏音《れいろうおん》」の三〇センチ同軸型スピーカーに頬ずりさせて、陶酔した表情を演出するというぐあいだった。

女を使った宣伝合戦は、パイオニアの勝ちだった。小田急新宿駅箱根湯本行き急行発車用地下ホームの向いの壁面に、ガラスパネルにきれいにデザインされたスピーカーの広告が、淡路恵子起用、旧華族洋館前庭芝生に置かれた二五センチ３ウェイスピーカーだった。

場所がいい。小田急で箱根へ行くことは戦前からモダニズムだった。

〽シネマ見ましょうか　お茶のみましょうか　いっそ小田急で逃げましょか　変る新

宿あの武蔵野の　月もデパートの屋根に出る……西條八十作詞、中山晋平作曲、「東京行進曲」歌詞四番である。ジャズで踊って、リキュルで更ける、まさにモガ・モボの歌だった。

武蔵野館でシネマを見て、中村屋喫茶部でティーにして、伊勢丹屋上で月を見る、軟派早大生西條八十のモダン新宿感覚があって、これ以上の超モダンを求めるとなれば、蝎座で若松映画見て、花園神社でテント芝居見て、摩天楼展望台から西の空にかかる三日月見て、いっそハイジャックで飛びましょか、ということになる。

セミ・ドキュメントだよ。

すでに戦前に成立していたモダン副都心新宿の出発点＝起点、小田急線急行発着ホームに、あたかも銀幕の如く、裏側から照明して絵柄が浮かび出る女優がいて、貴族の邸《やしき》があって、ハイファイ・スピーカーがある近未来のライフスタイルを演出した。芝生の庭にスピーカー二本並べてどうやって鳴らすんだ。パイオニアの宣伝課はよくこれをやるのだが、白川由美を起用した広告では、ハイウェイのまん中にスピーカー二基を置いて、そのかたわらに白川由美を、ヒッチハイカーのように立たせることもやる。実現しつつあるカー社会と、ハイファイ・スピーカーを抱きあわせているのである。

一方が福音電機、他方が福洋音響と、パイオニアとコーラルは、元が枝分かれしたものかもしれないが、宣伝はパイオニアのほうがうまかった。

ションベン横町、犬屋、紀伊國屋

このころの新宿は、京王線がようやく地下にもぐっている。その前は、西口を出た京王線は、路面電車のように地上を走り、ラーメンと餃子の「ホームラン軒」という店の軒をかすめて走る、マイナーな私鉄だった。

一膳飯屋のびっしり立ち並ぶ、ションベン横町は盛況だった。鯨《ゲイ》カツ屋が賑っていた。線路の下をくぐって、東口にぬける薄暗いトンネルの入口のところに、犬屋があった。紀伊國屋書店入口にも犬屋があった。ペットショップなんて呼び方はなかった。イヌヤだ。

じっさい犬だけ売っていた。兎ぐらいの大きさの、毛の白いのがスピッツだ。同じ檻に入れられた、毛の薄茶のがポメラニアンだ。ポメラニアンは、英国ケンネル協会が認めた品種だが、スピッツという犬種はないらしく、公認犬種ではないとわかってから、見向きもされなくなったが、それまでは、スピッツはいちばん安く買える洋犬として人気があった。ヒステリックに吠えつく駄犬だったな。いまならペットショップで亀一匹買う値段くらいだった。

開港期、横浜では洋犬を「カメ」と呼んだが、これは主人が犬を呼びつけるときの「カム」がなまったもので、スピッツ一頭=亀一匹の洒落ではない。

その犬屋の路地をはいってすぐが、紀伊國屋書店の中庭で、店舗は二階建て、二階のテラスに上る外付けの広い石段がある。典雅な書店だった。

東京の本屋の格は、日本橋丸善と新宿紀伊國屋が二分した。地方の友人に紀伊國屋か丸善のつつみ紙にくるんだ本をさしあげるとよろこばれたというのは、デパートの日本橋三越か新宿伊勢丹のつつみ紙がよろこばれたのと似ている。

町の賑いは、新宿時代到来寸前だった。その先端の一つが、新宿のジャズ喫茶だったし、パイオニアとコーラルの競争も一端をになっていたのである。

エアデールのスピーカー

コーラルが、中音に質のいい二〇センチウーハーをもってきた狙いはわるくない。この着想は英国の音響学者で、ワーフェデール社創始者でもあるブリッグスから出ているようだ。

「エアデール」という製品だが、低音に15インチ（三八センチ）を使う。中音に個性的なスーパー8（二〇センチ）を上《うわ》向きに使い、高音は、弦の再生にはこれが最高と賞されるスーパー3コーン型ツイターを、これも上向けにとりつける。

晴海だったか、英国フェアで一度聴いてその響きのよさが忘れられない。買えなくて口惜しかったので、ソ連産の針葉樹材を、ウイスキーの樽をつくるスコットランドの職人が音響箱に仕上げるという、製造工程写真入りのカタログの下の句を、俺の『皇帝円（※—註Ⅱ）

中野「ロン」参照）舞曲』（ビレッジセンター出版局）というひどい小説で、「エアデール」がコーナー型の三角箱である点を三角木馬に利用して、日本女を左右のスピーカーにまたがらせて、ステレオで悲鳴を上げさせると書いてやった。「エアデール」のあげる音のよさのノウハウは、全域型のスーパー8を上向きにとりつけるということだろう。全域型はタフだ。クロスオーバー・ポイントをラフに選べる。英国製スピーカーにつきものの高域のピークも、上向きにとりつければ耳を刺激しない。

ピークというのは、方向性がせまくビーム状にくるから、ビームが耳にこないような角度にとりつければいい。複雑なネットワークで押えこまずにすむ。複雑なネットワークの回路を通すと、オシロで見る波形はきれいだが、音の精気が失われるものだ。

時が流れる、オシロが見えるってね。エアデールのネットワークは、高域カットをせず、高音は出しっぱなしという話をきいたことがある。音を電気的に処理せず、音響的にまとめること、すなわち楽器の感覚で作られているということだろう。

スピーカーの音は、設計思想と、職人の耳で決まる。

中音に二〇センチウーハーを起用したコーラルの設計者は、「エアデール」の響きが念頭になかったか。

コーラルにも、一六センチロ径の中音専用スピーカーがあるのに、12L—2の音圧で、8L—1のコーンがゆさぶられないための覆いを、わざわざかぶせるという手間をかけてまで8L―1を起用したのは、音のおおらかさを求めたためだろう。

そのスピーカーを横置きに並べた「DIG」は、思わぬ収穫だったろう。左右のツイターの間隔が離れる。するとシネスコ的になる。俺が「DIG」で、オスカー・ピーターソン・トリオを聴いて驚いたのは、ピーターソンのピアノ、レイ・ブラウンのベース、エド・シグペンのドラムス三人だけで、ジャズはミュージカル映画「ウエストサイド物語」に匹敵する、豪勢な音を出すということだった。

「グリーン・ドルフィン・ストリート」には、二つの演奏解釈がありそうだ。

一つは「グリーン・ドルフィン・ストリート」、海豚《イルカ》さまのお通りだい、と海豚を強調することであり、もう一つは「グリーン・ドルフィン・ストリート」と、海豚通りと名づけられた町並を描写するやりかたで、自分が海豚になって泳ぐように演奏するのはオスカー・ピーターソン、「ケリーブルー」A面三曲目のウィントン・ケリー、自分の中に「海豚《ドルフィン》」を持つエリック・ドルフィー、マイルスとのスウェーデン楽旅時のコルトレーンで、海豚通りと名づけられた避暑地か、どこかの海岸通りの季節感を描いたのがミルト・ジャクソンである。

通りの名のほうもわるくない。浮標《ブイ》に使う大きなガラス玉や漁網が乾してあって、ペンキの剝げたテラスのある海鮮料理屋があって、サーフボードを持った若者が歩いている。ちょっと桑田サザーンっぽいイメージだけどね。ミルトの演奏で聴くと、入道雲のふちが金色にくまどられるだろう、その日の夕方、そういう町で旧友と再会するのだ。レイ・ブラウンの波動に乗って泳ぐオスカーの海豚はまるで白鯨《モービイ・ディック》だった。盤名は「ロンドンハウスのオスカー・ピーターソン」一九六〇年一月、シカゴのジャズクラブ実況盤で、A面が「トリクロチズム」と「グリーン・ドルフィン・ストリート」の二曲。かれらの傑作だよ。

それから数ヶ月して「DIG」のスピーカー装置はもっと音の輪郭のきっちりした現在のもの、といっても「DIG」で最後まで使っていたものに変ったから、コーラル製3ウェイを使ったあれは、開店当座の仮のものだったのか。

「DIG」をはじめたとき、店主中平穂積は学生だった。

俺も学生だった。山下洋輔も、彼とはまだ出会っていなかったが、学生だった。そしてみんな学生のまま自分の仕事を開始しようとしており、学生のままプロだった。映画の足立正生や演劇の唐十郎もそうだ。かれらのやっていることは「学生演劇」「学生映画」「学生ジャズ」、すわりのわるい語だが「学生喫茶店マスター」などというものではない。そうじゃなくては革命期ではない。

俺は早稲田のハイソの連中を見て(※——註＝早稲田界隈めぐり参照)、身分は学生だが、プロに半分以上足をつっこんでいる同世代者を知っていた。中平穂積はその一属だった。彼はMJLの大正リベラリズム生き残りのジャズ喫茶のマスター連とは、肌合いがちがう。

ＭＪＬというのは「モダン・ジャズ・リーグ」の頭文字で、昭和八年にジャズ喫茶をはじめた横浜「ちぐさ」の吉田衛を筆頭に、映画会社の宣伝課に在籍経験のあるジャズ評論家や、ラジオの構成・司会者になっている、かつてのモボたちと連携しつつ、ジャズ喫茶というネットワークを通じて、ジャズの普及にがんばっていた人々だった。

コルトレーン、東京オリンピック前夜

それまでのジャズ喫茶のマスターとはちがう、中平の雰囲気を敏感に察知して、「ＤＩＧ」には、求道的なファンが輸入新譜を聴きに来た。そういうファンの注目を集めるのは、コルトレーンである。この店は、コルトレーンの新譜はどこよりもはやくエアメールで取り寄せ、新譜がはいるや、封切を待ちかねた映画ファンのように、固唾《かたず》をのんで耳を傾けた。

インパルスから発売されるコルトレーンのＬＰは、どこでもそうだったのだが、「ＤＩＧ」でコルトレーンを聴くということは、全国的に起っているジャズのファン現象の、そのトップに自分はいるということを、自負できたのである。

そういう店だったから、だらしなさの悦楽がはいりこむ余地は少なかった。女を連れてきてジャズのムードに酔う。酔ったついでに、酒で酔っ払う。酔っ払ったついでに、

ハイミナールをかじって眠りこむといった、「ついで」が、金魚のウンコのようにつながるルーズさを、「ＤＩＧ」は許容しなかった。

ディグという語自体が、「探求する」とか、「掘る」という意味だ。しかし物語がないわけではなかった。

消防法基準をおよそみたさない、ボロくてせまい階段を三階まであがると、店の扉があり、このドアのガラス部分に、ジャマイカ産コーヒー豆を入れて送ってきた麻袋がかかっていたが、ジャマイカ産の麻なら最良の大麻だろう、とちぎって吸ったラリ公がいた。

しかしそんな奴より、「ＤＩＧ」に対応するジャズファンの代表は俺だ。第二宣言たる「韃靼人キリーロフに……献げる犯罪革命戦術……」を、この店を中心に新宿を彷徨する日常の中で構想し、執筆した。

イマジネーションが、ジャズ即興演奏の方法で飛ぶあの文章は、白紙に黒インキで横書きされ、「思想の科学」編集長だった森秀人が、活字化を検討しているのを見た鶴見俊輔が、平岡君という人は狂人ですか、といって掲載を断ったというエピソードを有する。

チェット・ベイカー

「ＤＩＧ」で、チェットの「マイ・ファニー・ヴァレンタイン」を気に入ったといえば、そぐわないという声が出るだろうが、事実だった。

仏文科のジャズ好き学生が、うん、河田だ、俺を驚かせようと思ったのか、「チェット・ベイカー・シングス」をリクエストした。カマっぽい歌声のやつだ。チェットははじめてだったが、その場で、「マイ・ファニー・ヴァレンタイン」は、カポネ一味によるヴァレンタインの日の虐殺を歌ったものだと「解説」していらい、俺のまわりでは定説になった。未だに正解だったと思っている。

カポネ一味が制服警官を装って、対立するバグス・モラン組の密造酒蔵を襲い、警官だと安心して手をあげた相手を、トミーガン一斉射撃で皆殺しにしたやつ。六〇年代新宿のジャズ喫茶は、ラリ公や、万引少年や、オカマの巣でもあったが、ジャズ鑑賞の求道派の多い「DIG」は、そちらのほうでも精鋭が揃っていた。

万引も、いっぱしの哲学と技術をもっていた時代だ。だから大島渚映画「新宿泥棒日記」なんてのも出来ている。横尾忠則が万引少年に扮する。紀伊國屋書店の書棚から万引される本が、その著者の朗読でさわりを音読される。吉本隆明『共同幻想論』や澁澤龍彦『犬狼都市《キュノポリス》』が朗読された記憶がある。

区役所通り「スペイン」

俺個人は、「DIG」と都電通りをはさんだ向こう側の「スペイン」という店の対偶に、万引少年の物語以上のロマンチックなものを感じていた。「DIG」の、前衛ジャズファンに対抗するように、都電通りを地中海に見立てて、「スペイン」には、もっと少数派のアナーキストがいた。「DIG」が北アフリカ・マグレブ地方、都電通りが地中海、「スペイン」のあった区役所通りがアンダルシアである。

都電通りという地中海を、マグレブ側に渡ってしまうと、つまり区役所通りに渡ると、道にゆるい傾斜があって、町営駐車場の金網があって、金網の前に屋台のタコ焼き屋が出ていた。このタコ焼きが、「スペイン」に出前をしてくれたのである。

アナーキスト風の眼つきの鋭い男たちが、タコ焼きをつまんでフラメンコを聴いた。かれらはコルトレーンの「オーレ!」を、贋フラメンコと嫌ったが、マイルスの「スケッチス・オブ・スペイン」をみとめた。

当時聴いた、フラメンコ・レコードのジャケット写真は出せないが(持っていないので)、ガルシア・ロルカ『血の婚礼』、山田肇・天野二郎共訳、未来社「てすぴす叢書」の表紙写真を出しておこう。「てすぴす」とは、古代ギリシャ最初の悲劇作者の名だ。この本には、一九六三年六月五日読了の書込がある。

未来社の「てすぴす叢書」は、薄い小冊子で前衛的だった。定価は百円代で、ロルカ『血の婚礼』は百五十円。

片ッ端から新宿ジャズ喫茶——一九六〇年代中頃

「きーよ」

新宿のジャズ喫茶は、片ッ端から聴いたから、片ッ端から回想しよう。

厚生年金会館対面《トイメン》の「きーよ」は、立川基地からやってくるスキンヘッドの黒人兵、綽名《あだな》は「坊《ぼ》ンさん」の持ってきたレイ・チャールズ「ルビー」だ。「きーよ」はジャズ好きの文人たちによく回想される店で、寺山修司、白石かずこ、湯川れい子らが来たそうだが、俺は会っていない。白いシボレーでやってくる「坊ンさん」とレイ・チャールズのLPの記憶によって、「きーよ」は、俺には基地の延長という理解だった。

ベラフォンテからレイ・チャールズへの人気転換のうちに、日本人ジャズファンの画期が一つあったように思う。

澁澤龍彦が、ベラフォンテ「バナナボート・デーオ」を好んだことを、知ってるかね。引用するよ。

「労働の苦痛を切々と訴えるハリー・ベラフォンテの悲痛な声を思い出すがよい。『バナナ・ボート』の歌詞のあいまには、バナナをかつぐ荷役労働者の重々しい重々しい呻き声が聞える。『しあわせの歌』より、こっちの方がよっぽど本物だ」（「生産性の倫理をぶちこわせ」『神聖受胎』）

レイ・チャールズからジェームズ・ブラウンへの場景転換に、もう一つの画期があるが、それは後のこと。

レイ・チャールズ「ルビー」の、不吉なほど甘い抒情は、テロリスト心理に近いと感じた一九六三年の新宿「きーよ」での印象は、コザ市照屋《てるや》の黒人街のレコード屋「ザッパ」で、「坊ンさん」が持ってきたのと同じレコードを買ったときに、きっちり十年の時間をへだてて、よみがえった。仕立て洋服屋のテイラー tailor と、テロリストの terror とまちがえたという、冗談みたいな復帰直後沖縄の現実でだ。

基地周辺には洋服の仕立屋が多い。沖縄でも、横須賀でも、横田でも。黒人兵はお洒落である。

沖縄にもジャズ喫茶はあり、宜野湾に、靴をぬいでじゅうたん敷きの部屋に上り、ゴトウ・ユニットのホーン型4ウェイを聴かせる店があったが、それは新宿を直輸入しようとした復帰直後の畸形現象だったと思う。沖縄はソウルと琉歌だ。ジェームズ・ブラウンと嘉手苅林昌《かてがるりんしょう》だ。ジャズではない。

「メッセンジャーズ」

新宿御苑通りに、「メッセンジャーズ」という小さな店があって、ここが「きーよ」の対抗馬だった。JBSと名乗る連中がツイストを踊っていた。日本悪党協会《ジャパン・バッドマン・ソサエティー》の略で、デューク・ジョーダン作曲「危険な関係のテーマ」を、盲目の黒人のふりをして踊る名手がいた。

００７「ドクター・ノウ」の冒頭に、三人の盲目の黒人殺し屋が登場する。その主題曲がマザーグースの「三匹の盲目の鼠」である。そのモダンジャズ化が、三管メッセンジャーズの「スリー・ブラインド・マイス」である。そして、モダンジャズをかけてツイストを踊る店に、盲目の黒人殺し屋のふりをして踊る日本人の踊りの名手があらわれた。かわなかのぶひろ、だったという噂がある。

この、とりわけて個性的な店の再生装置は、ナショナルの家庭用セパレート電蓄だった。

この話には続きがあって、「盲目の老いぼれ猫《オールド・ブラインド・キャット》」というジャズ喫茶が、「ライオン」ビヤホール近くのビル地下に出来、藤井武のスリー・ブラインド・マイス・レコードも出来た。御苑通りのジャズ喫茶「メッセンジャーズ」と、地下のモダンジャズ喫茶と、スリー・ブラインド・マイス・レコード社の間に、具体的なつながりがあるのかどうかは知らない。具体的なつながりはなくても、イメージ連鎖がある。レイ・チャールズ―007映画に登場する三人の盲目の黒人殺し屋―ローランド・カーク―座頭市である。

ずっとあとになって、「メッセンジャーズ」のあった場所の近くに「セ・ラ・ヴィ」という店ができた。サイケデリックジャズと、インド香の匂《にお》いがにがてで、一度行ってこりたが、この店が酋長（森幸男）の三丁目「バードランド」の前身になって、別の物語を生むのはそれからさらにあとの話である。

「木馬」

「木馬」は都電通りの店だ。オーナーは水谷良重である。

座頭市ガールズの一人として水谷良重は最高で、第二作「続・座頭市物語」で、侍を斬って逃げてきた市をかくまって、しじみとり漁師の小屋で一夜をすごす夜鷹に扮し、なぜ自分をかくまってくれたかという市の問いに、あたしのお父っつあんも按摩だったと告げ、二人でしじみの味噌汁でご飯を食べ、舟で利根川を下る座頭市と別れるしじみとした、ちがった、しみじみとした名場面は胸に迫るが、「木馬」というジャズ喫茶は胸に迫らなかった。

ただ、大音量だった。諏訪優や清水俊彦がひいきにしていた店だ。「木馬」は、現代音楽やバロック好きのスノッブの集まる「風月堂」に対応した。

「ヨット」

「ヨット」は、要町の寄席末広亭近くにあった。小さなビルの二階にあって、カウンターの両はじにスピーカーを置いて（はじめパイオニア製のCS—201型、途中からJBLの「ノバ」という中型）、威圧的でなく鳴らし、選曲もハードバップを中心に、中庸という、当時の新宿ジャズ喫茶にはめずらしい店だった。

六〇年代新宿における中庸の美徳というのは、めずらしいんだよ。ジャズが時代の音楽であり、強烈さを前面に出すなかで、アト・ホームな感じを演出するのは、要町という場所の自我だったろう。

中国家庭料理、韓国家庭料理など、「家庭」を強調した店が多い。寄席の末広亭があったり、歌舞伎町、角筈、区役所通りとちがった肌合いを、新宿のただなかに演出する要町の知恵は、雑居ビルの中に赤提灯を出す、演歌酒場にちかいだろう。ハービー・ハンコックの「処女航海」がよくかかっていた。「ヨット」のジャズも、黒人家庭音楽ということになるのかね。この店は河野典生のひいきだった。

「びざーる」

「びざーる」は、靖国通りと都電通りをつなぐ、アホみたいにわかりやすい、ゆるい傾斜の大通りの一角、防空壕みたいに暗いジャズ喫茶だった。

坊屋三郎本人か、その息子がオーナーのはず。

名人職人後藤精弥が作る、日本の誇る逸品といわれるゴトウ・ユニットのホーン型4ウェイという、やたらに高級なスピーカーを使っているだけに、闇の中で、ハイファイ音に鼻をつままれるような演出過多にいやけがさして、二回行って行くのをやめた。

「ジャズ・ヴィレッジ」

「ジャズ・ヴィレッジ」は、ギラギラ趣味の演出が成功した例だ。

サイテーションの、多重負荷帰還回路をつかった650出力アンプのパワーを、「ロンドン直輸入」のアルテックA7型にほうりこんで、超のつく大音響を発した店だった。

先のとがったイタリアンブーツを履き、真紅のネッカチーフを首に巻いた、ジゴロの諸富洋治を見かけたのがジャズビレだ。きまってやがった。俺は、ある理由で諸富をつかまえて、痛い目にあわせるつもりでいたのだが、下手すりゃこちらが痛い目にあわされただろうよ。

ところで「ロンドン直輸入の」と、マネージャーは鼻高々だったアルテックだが、ウーハーは空輪用梱包木板をそのまま組みたてたような、巨大密閉箱にとりつけて、スピーカー保護用に金網のザルをかぶせてある。ネットワークは、電車のつり輪型の空芯コイルと、弁当箱くらいのオイルコンデンサーだ。

中高音用のドライバー・ユニットと、扇型《セクトラル》ホーンは、アルテックにまちがいなかったが、そんなアルテックがあるのか。だいいちアルテックは米国のメーカーだ。

店員が、どこまで大出力で鳴らせるかをためしたのだろう、マックス・ローチ「ウィ・インシスト」のアビー・リンカンの絶叫をかけた。電話が鳴ったらしい。店員が客席へやってきて、両手を口に、メガフォンのようにあてて客の名を叫んだが、叫ぶ姿を視覚がとらえられるだけだった。永山則夫が、この店でアルバイトしていたと知ったのは、だいぶ後だ。

「ニュー・ポニー」

「ニュー・ポニー」といったか、コマの近くに、よく通《かよ》った二階の店があったのだが、行って夜をすごした回数の多さのわりには、記憶が薄い。マックス・ローチの「スピーク・ブラザー・スピーク」がよかったという印象が一つある。白仁《しらに》というアナーキストがいた。学生だか著述家だかわからないこの男に、平岡クンはジャズを聴くの、と言われたのがこの店だ。のちテック闘争のとき、社長秘書として出てきたのは、色白で口の小さなこやつだった。

その階下の純喫茶で淹れる、ネル・ドリップ式のコーヒーが旨く、映画「略称連続射殺魔」のロケハン中、ロケバスが追突されて鞭うち症で入院した「映画批評」同人に、新宿の匂いを思い出させようと、その店のコーヒーを病院に持って行って、足立正生によろこばれたことがあった。一九六九年だった。

「タロー」

「ピットイン」、「タロー」、「ジハンナ」という生演奏の店（ライブ・スポットという語はまだなかった）はとりあげない。レコードを聴くジャズ喫茶と、生演奏の現場はまるで別だ。

新宿ジャズシーンは二期に分かたれるだろう。ジャズ喫茶が輝いていた六〇年代前半と、「ピットイン」を中心とする生演奏の、六〇年代後半の新宿ジャズ革命期とだ。「タロー」のことは、回想しておいていいかな。「乗合馬車」という、西武新宿駅近くの雑居ビルにあった。

「タロー」のマスターの名は太郎というのだが、姓は忘れた。イガグリ頭に口髭を生やした、体育会系の風貌の男だった。

「タロー」には日野皓正、ジョージ大塚が出ていたが、今回はそちらのほうは省く。演奏のないときには、ふつうのジャズ喫茶として営業している、その店の再生装置の音が好きで通うファンがいたのである。

サテンのMC型カートリッジ、ソニーのトランジスタアンプ、LE8Tから出る音は、細身で、平べったく薄く、カミソリのようだった。トランペットの音が、名人大工が、鉋で柾目の板を削り出すように、ピラピラピラピラとくるのだ。好きな者は金箔の音というだろう。

そして、その音が好きで「タロー」に通う青年は、この店でマル・ウォルドロンをかけると、マル・ウォルドロンの、もったいぶったブルース感覚の詐術が確認できるから、正しい再生音であると言っていた。

くせのあるやつだよ、「タロー」の店主も、佐藤兄弟のその弟の方も。

全冷中（全国冷し中華愛好会）時代にも、マル・ウォルドロンはからかわれた。東京の大学に通っている学生が、夏休みに郷里の気仙沼で待つ母親に、都はるみのレコードを買って帰った。ありがとよ、年とるとレコードを聴くのが楽しみだで、と老いたる母はターンテーブルをまわし、ターンテーブルにのっていた盤をどけて、都はるみをのせた。息子がどけられた盤を見ると、マル・ウォルドロンだった。マルは、日本でだけ人気のあるピアニストだと言われる一方で、日本だけでからかわれるモダンジャズ・ピアニストだ。

新宿三丁目「バードランド」一九七二年冬——一九七三年夏

新宿フーテンの元祖

パーカーとビリー・ホリデイは、ツヤちゃんと酋長・森幸男夫婦の店、新宿三丁目の「バードランド」で聴くのがいちばん。

パイオニア製のプレイヤー一体型のトランジスタアンプと、三尺×六尺（サブロク）のベニヤ板を二つに切って、黒く塗っただけの平面板《プレンバッフル》に、アルテック403A型二〇センチスピーカーをとりつけた、安価な再生装置で聴くパーカーの音は、ハイファイではないが、紐育《ニューヨーク》で演奏するパーカーの音を、遠い田舎町の大型ラジオを聴いているような、独特のリアリティがあって、一九四五―一九五五年というパーカーが活躍した十年間の、その時につれ戻してくれるような、その店で聴くパーカーが、俺には最高のパーカーだった。

駅から歩いて十分、三光町をつっきり、寄席の末広亭前を通り、もう一度広い道にぶつかり、右手に行くと新宿御苑《ぎょえん》に出るが、右折しないでこれもつっきり、酒場「火の車」の斜前《はすまえ》、「長崎ちゃんぽん」の一軒手前のビルの地下、たいてい猫が一匹、ツヤちゃんが来るのを待って、ビールの箱の上で眠っている扉の向うが「バードランド」だ。

押してはいると、黒色塗料をふきつけた、いぼし塗りの漆喰の壁、カレーと香辛料のインド的な匂い、水牛の皮のテーブルと、一つも揃ったもののない椅子とクッションと什器類、揃いのない茶碗やテーブルというのは、かれら夫婦の好みで、一つずつ佳《よ》いものを買いあつめた結果なのだが、レコード棚をはみだして、レコード店の袋に入れたまま床に並べられたLPなど、へんな店だった。

ジャズ喫茶のおやじには変人が多いけれど、酉長は、掛け値なしのへんなやつだった。昭和十一年、小樽の生れだ。実家は海産問屋。上京して専修大学にはいり、カラテの修業をしたが、東京生活に見切をつけて小樽に帰って、小さなジャズ喫茶「セラヴィ」をはじめたのが一九五〇年代の末。店がつぶれて神戸に流れ、沖仲仕をして働き、再度東京に出て新宿フーテンの元祖になる。

御苑前にひらいた第二次「セラヴィ」もつぶれ、この頃ツヤちゃんと知りあう。結婚祝いに、ツヤちゃんの母親に店を買ってもらって、「バードランド」をひらく。

酋長の経歴を知っているのは、ツヤちゃんが愚妻の従妹だからだ。ツヤちゃんも死んだ。本名は広瀬つや子である。

あの店には何回行ったかな。数えきれないな。

パーカー、レスター、ビリー……もっぱら黒人ジャズ専門で、白人ジャズはレコードも置いていない店が気に入っていたほかに、「バードランド」のカレーライスと、月見うどんが美味かった。俺が食うんじゃない。楊明雄闘争、ダニエル・ロペス闘争、そしてミクロネシア独立運動の、異教的で浪漫的な雰囲気にひかれて顔を出す活動家に、ジャズを聴かせて一食くわせて、いざとなったらツケのきく店といえば、「バードランド」だったからだ。

高砂義勇軍と靖国神社参拝

あのころ俺は、稼ぎを闘争につぎこんでいた。

楊明雄闘争というのは、「高砂義勇軍」の戦後「処理」である。

日本はインドネシア、南洋群島などの南方戦線へ、現地習俗への適応力の高い、台湾ネイティヴを軍属として投入した。戦争がおわれば、バイバイ。

ダニエル・ロペス闘争というのは、「ポナペ決死隊」の戦後「処理」である。日本が領有していたポナペ島から、対英軍作戦にポナペ人が志願し、ニューギニアで多数が戦死した。ダニエル・ロペス・ドサルアはその一人、バレンティン・ドサルアの遺児だ。これも戦争がおわれば、バイバイ。ダニエルは、父と戦友たちの復権を、日本政府に求めて来日した。

「高砂義勇軍」、「ポナペ決死隊」ともに知られざる皇軍の一端である。どちらも日本人将校から、おまえたちは死ねば護国の英霊として、靖国神社に祀《まつ》られると言われ、どちらも嘘だった。

楊明雄は、「バードランド」から靖国神社へ行ったのだ。この店で日の丸の鉢巻をつくり、「スマトラ派遣第八軍(富)《まるとみ》部隊台湾人軍属楊明雄」と書いたタスキを掛け、衣紋かけにぶら下げたように背筋をのばし、少年のように顔を紅潮させて、左翼の行動隊に守られて、この老闘士が、新宿三丁目の地下のジャズ喫茶からあらわれた。

自主管理中の明治大学に、このスタイルで情報宣伝活動に行ったときには、おりから公演中の浅川マキと会い、まあおもしろいこと、とマキがケラケラ笑った。

ただ、だれもチンドン屋とはまちがえなかった。老闘士の姿には、なにか厳粛なものがあった。靖国神社では、右翼に拍手された。俺は靖国神社に行って拝んだ、例外的な左翼ということになる。知られざる皇軍への鎮魂《ちんこん》の祈りだ。

左翼は靖国へ行くべきだというのが、俺の意見だ。戦死した兵隊の鎮魂を、もっぱら右翼と体制側に独占させるのはまちがいだろう。

ダニエル・ロペスが炎天下の外務省前で、日本政府に抗議行動をつづけたときも、この店で聴くブルースは、ほこりと排気まみれで、ガサついた防衛隊員の気持をうるおした。ジャズ喫茶が、活動拠点の一つになったというのは、一九七二年十一月—七三年八月の「バードランド」が、例外的な経験である。

ジャズは、他人と聴くものではない。一人で聴き、自分を聴くものだが、闘争の昂揚に比例して耳が鋭くなる。俺のバップ理解は、この時期に深化し、活動とは別に、ユパンキと、ブラジル熱帯派《トロピカリア》のサンバを聴いていた。

ロペス闘争はほどなく、外務省前で外国人登録証を焼きすてた朝鮮人宋斗会《そうとかい》の抗議と、渋谷山手教会前でのハンストと結びつき、楊明雄—ダニエル・ロペス—宋斗会の三者結合なって、知られざる皇軍兵士を、なかったことにして成立する戦後日本のインチキを、白昼にさらした。

こうして闘争は、ミクロネシア独立戦参加にいたり、ブル新（ブルジョア新聞）から日本赤軍別働隊と書かれ、俺自身は、竹中労との窮民革命論が、反日武装戦線の背後にあるものとして家宅捜索《ガサイレ》をくった。

　自分を守るためにカラテを学びはじめ、家人の身に危険が迫るように感じて、東京をひき払い、葉山に引越したのはそのあとだ。

「バードランド」から足が遠のいたのは、葉山に越したからだ。酋長は放浪癖のあるやつで、ときおり店をほっぽり投げて、プイと出て行ってしまう。ツヤちゃん一人で切りもりするのにも限界があり、店を休むこともふえた。

　せっかくカラテ稽古の帰りに寄っても、休業のことが二度、三度と重なって、行くのがめんどうになった。

新宿武蔵野館通り「ポルシェ」

「映画評論」、足立正生、ニューロック

一九七〇年三月三十一日、赤軍派、ハイジャックで北朝鮮へ。

一九七〇年十一月二十五日、三島由紀夫・「楯の会」、市谷自衛隊本部で自決。

一度だけ、「ポルシェ」でニューロックがよかった話をしようか。

時代はちょっと下って、足立正生論の原稿を渡すために、かわなかのぶひろを待っていたときだ。「烈士のオードあるいは連続射殺魔」という文章だ。

午後二時だ。女性週刊誌「ヤングレディ」のアンカー仕事で徹夜して、出版社の仮眠室で昼まで寝て、佐藤重臣「映画評論」編集の手伝いをしていた、かわなかに、持ってきた原稿を手渡した。引用しておこう。

「すばらしい。すばらしいよ、午後二時の孤独のなかで、足立正生の最近作とそれをめぐる濃密な自由の雰囲気とを心ゆくまでおもいめぐらすほどの快楽がいまの俺にあろうか。

朝まで働らき、仮眠をとり、古本屋で五十六冊目の山田風太郎『女死刑囚』をみつけた。睡気ざましの二杯目のコーヒーがひどく舌に柔らかく、羽虫のうなりのようなバックグラウンドのロックンロールも耳にやわらかい。

ひさしぶりに疲労し、ひさしぶりに世界が柔らかくかわったのだ。——おそらく、この自由なくつろぎは、殺人者も、犯行後のある瞬間に所有することがあるにちがいない。敵を人知れずほうむって眠りにつくというのも悪くはなかろう。」(「映画評論」一九七〇年五月)

かかっていた曲も、演奏グループも知らない。いま思えば「マザース・オブ・インヴェンション」とか、「ドアーズ」というグループだったのだろうが、ニューロックであるということしかわからない。

小さな音で鳴っている。「ポルシェ」は、ジャーナリストがよく使う店だ。会話の邪魔をしない音量の、ニューロックのためだろう、それは、気が狂ったハワイアンだと思って聴いていた。

五十六冊目の山田風太郎をみつけた古本屋というのは、角店《かどみせ》の「ポルシェ」の道を渡って斜め前の、「鈴平書店」ということになりそうだ。待ちあわせ時間にはやかったので、鈴平書店をのぞいたのだと思う。

本を買って喫茶店にはいれば、パラパラとめくってみるものだ。こうして数時間の仮眠をとっただけの、午後二時の俺の頭には、昨夜のアンカー仕事と、山田風太郎と、そしてなによりも、強烈な印象に、俺が幾日かめまいをおこしていた足立・松田政男・佐々木守による風景論映画「略称連続射殺魔」の内容がミックスされて、ニューロックを、南洋の羽虫のように、心持よく感じさせた。

俺は、かわなかに渡す自分の原稿が、使えるのか、だめなのかが判断できなかった。足立らの風景論に対応して、文章のほうも論文型式におさまっていないのだ。採用するかどうかは、そちらにお任せすると、かわなかに言った。その場でざっと眼をとおして、「頂戴する」と彼は言った。そこで、俺の方から待ったを出して、いま引用したイントロを、その場で書き加えたのだ。元のままの原稿はこうはじまっている。

「足立。足立。足立。足立。足立。足立。足立。足立。足立。足立。足立。足立――」

これじゃあんまり、な。

このようにしてわれわれは、一九六〇年代と、七〇年代のあいだの橋を渡ったのである。そのとき一回だけ、ニューロックが気持よく聴こえた。

「ボルシェビキ」と「ポルシェビキ」

六〇年代と、七〇年代の橋を渡ったというのは、修辞ではない。批評戦線同人の足立・松田・佐々木・相倉久人・平岡と、ジャズから富樫雅彦、高木元輝が出て、六本木アオイ・スタジオで音入れをしたのは、一九六九年十二月十八日深夜である。撮影班が香港土産に買ってきた、鶏の砂肝のニンニク炒めが美味かった。

永山則夫が香港密航を企て、上陸寸前に発見されて送還されたから、撮影チームは船から見えた香港の夜景を撮ってきたのだ。

「ポルシェビキ」という冗談は、松田政男が言い出したと記憶する。店内に、ポルシェ911の大きなパネルが飾ってあった。その店で原稿渡しをしたのは、左翼系のジャーナリズムが主だったからだが、こんなことも、説明しなくちゃならない時代になったね。六〇年代と七〇年代の過渡の橋は、われわれには、赤軍と、永山則夫と三島自決と、フリージャズである。

「ポルシェビキ」とは、レーニンの「ボルシェビキ」のもじりだ。

じゃあジャズに戻るよ。

ふたたび「汀」にて

ジミー・スミスのオルガン曲

もう新宿を、場末と呼ぶ者はいないが、あのころは甲州街道口を出て左へ向うと、場末だった。

右へ向うと、淀橋浄水場跡の原野だった。

広大な跨線橋から鉄路を眺める景観は、シカゴ的という感じがした。

だから、一九六八年十月二十一日、学生のデモ隊と警官隊が衝突すると、群集がわれさきに軌条敷内に飛びこんで、線路の石を投げつけたのは、このシカゴ的という風景と無縁ではない。

アクリルの扉をおして、もう一度店内にはいろう。

ジミー・スミスのオルガン曲は、ここ新宿「汀《なぎさ》」の二階、左チャンネルが、作りつけの巨大バックロードホーン、右チャンネルが、あとから増設したコーラル12L−2ウーハーと、ホーン・ツイター入り壁埋め込み密閉箱という、ビッコのシステムで聴くのがベストだった。

ビッコのスピーカーというのは、この店の古さを物語る。はじめ、モノラルでジャズを流していたのだ。ステレオ時代にはいって、もう一本、巨大なバックロードホーンを収める余地がないから、別の種類のスピーカーで間にあわせたのである。

アンプは、英国製リークのポイント1《ワン》ステレオ、ピックアップアームは、国産リオンの質量分離型TA3に、グレースF5Dという針をつけて、野放図に鳴る「汀」の音を、俺は好きだった。

一階と二階のあいだの階段踊り場の壁に、ジミー・スミスの、大きく拡大されたモノクロ写真がかかっていた。遠い席からでも顔の表情がわかったから、等身大以上にひきのばしたものだ。こちらを見て笑っている。

鼻がデカい。絹の背広を着ている。テラテラ光沢があって、あたかも化繊と見まがうばかりの絹だが、なんだか修飾関係が逆だな、ブルーノートのドル箱のジミー・スミスが、化繊の背広なんか着やしないよ。ジャズやって金儲けすれば、おれたち黒人もこうだぜという、ブラックパワー一段階前の倨傲《きょごう》だ。それはそれで、黒っぽくてけっこうだ。

注目したのは、彼の手が、バスケットボール選手のように大きく、知的なことだ。

「ミドナイト・スペシャル」というＬＰがあるだろ、スタンレー・タレンタインのテナーサックスと組んだやつ。あのジャケットがいい。

彼が、錆止め色に塗られた巨大な有蓋貨車から、トランク一つを下げて地上に降りようとしている。無賃乗車《ホーボー》を演じているのである。左手にトランクを下げ、右手で貨車の手すりにつかまって体を支えている。そのトランクを持つ、左手の甲に浮き出た血管が、黒豹のような反射神経を秘めた手であることを物語る。

撮影のために、だいぶこの姿勢をホールドしていたのじゃないかな。右手はレンガ色の長袖シャツで、腕の筋肉は見えないが、手すりにつかまる右腕の影が、赤錆色の貨車にはっきりと映って、無賃乗車で都会に出てきた、黒人青年の決意をつたえてよこす。

上　ジミー・スミスが無賃乗車の青年を演じている。
下　この手がいい。

クラシックでは、指揮するフルトヴェングラー（※——註＝戦前ヒトラーの寵愛をうけたドイツの大指揮者）の手が知的だ。ジャズでは、無賃乗車するジミー・スミスの手が知的だ。

その大きな手は、ジャズの階級性の大きさだ。

二人並んでサンドイッチをパクついたり（ジミー・スミスとウェス・モンゴメリーの「ダイナミック・デュオ」のジャケ写）、通りすがりの姐《ねえ》ちゃんのいいケツに口笛を吹いたり（ソニー・クラーク「クール・ストラッティン」）、敵階級婦人がお下品ねと眼を剝くような都会生活の点描に、美とリズミックなものを見つけだすジャズの、階級的な大きさだ。

「ミドナイト・スペシャル」という曲題について、考証しておこう。

テキサス州シュガーランド監獄のわきを、サザン・パシフィック鉄道が走っていて、刑務所の窓からさしこむ、夜行列車のヘッドライトの明りを描いたものだ。ブルースの元歌があるが、ジミー・スミスがオルガン曲に作り直した。

「ホーボー・フラッツ」という曲もあるジミー・スミスの深夜特別便《ミドナイト・スペシャル》は、夜をついて走る、長距離の貨物列車だろう。「ホーボー」という語は、日本語の「方々」から出ている。方々へ行く、の意だ。大陸横断鉄道建設に従事した、日本人線路工夫の起源で、その住居棟《フラッツ》のことだから「鉄道飯場」の意味だ。

地下室の政治秘密結社

新宿「汀」の階段踊り場で、俺がいつも見かけたジミー・スミスのパネル写真は、黒さとの出会いだった。ちょうど部屋の気流が、そちらの方へ行って、煙草のヤニで艶出したところの。俺は、日本の労働者は知っていた。これでも労働運動はやったことがある。しかし、労働者性というものが、黒人的な方向でこうなるという、ジミー・スミスの肖像による発見は新鮮だった。

「汀」に地下室があることは、常連客でも知らなかった。

知っていても行かなかった。

地下室に集まったのは、犯罪者同盟のフラクション、現代思潮社の雑誌「白夜評論」執筆者たち、自立学校(※――註＝反代々木系文化人らによる私塾)の運営グループの面々だった。

壁にボリューム付きの小さなスピーカーが一箇かかっているだけで、倉庫がわりに使われていた、かびくさい地下室を、どうして陰謀の錬金術時代の、アナーキスト的な極左グループが借りられるようになったのか、経過を知らない。

ただ、ジャズ喫茶の地下、壁かけスピーカーから階上のジャズが流れ、かびくさく、やくざの拷問部屋に使ってもいいような地下室で、極端観念と、偏美学の激論が交された、一九六三年の一季節数ヶ月は、十九世紀ロシアの、政治秘密結社の雰囲気があった。

論じられたテキストは、マルクス『バクーニン・ノート』、バクーニンとネチャーエフの「革命家の教理問答」、大杉栄『正義を求める心』、ウィーン性科学研究所のレオ・シドロヴィッツ『性の残酷史』、豊田堯『バブーフとその時代』、そしてマルコムXの黒回教《ブラック・ムスリム》離脱と、国際主義への転向を伝えるトロツキスト系米雑誌「ミリタント」の内容紹介をした、日本文のガリ版パンフレットである。発行所と、だれが「汀」の地下に持ってきたのかを知らない。英文原文は入手できなかった。

これら書冊をめぐって交した議論は、再現できる。というのは、やがて一九六三年八月に出した犯罪者同盟の発禁本『赤い風船あるいは牝狼の夜』のなかの拙稿「韃靼人ふう」、および六四年六月の『韃靼人宣言』(現代思潮社)に引用したり、言及してあるからだが、「汀」地下に顔を出した人物像の記憶はあやしい。

犯罪者同盟は俺、宮原、諸富、山本、尾立でいいが、自立学校運営グループと「白夜評論」グループは、石井恭二、松田政男、山口健二、あと美術畑の論客が何人かいた。

しかし、それはそれでいい。

俺以外の面子《メンツ》には、ジャズ喫茶の地下室は一九六〇年夏に、安保と三池で敗北し、その年秋の階級決戦を、池田内閣によって回避され、六五年の学生運動再燃による大衆的昂揚まで、憲法公聴会阻止闘争、日韓闘争、ベトナム反戦直接行動等の、点と点をつなぎながら、革命の錬金術を地下《アンダーグランド》で夢見、実験していた一九六三年という時期の、ほんのエピソードに過ぎなかった。

俺はちがった。地下で夢想する革命論と、小さな壁掛けスピーカーから聴こえてくるジャズが一致して、俺のジャズ論は、最初から革命論だ。

一九六三年十一月、『赤い風船あるいは牝狼の夜』押収逮捕事件で、俺のジャズ好きを知った戸塚警察署のデカが、「汀」にガリ版刷りの手配書をまわし、それを友人がとってきてくれた。潜伏は退屈だ。ジャズを聴きたくなって、東長崎のアジトを出た。三十分くらい聴いてこよう。ジャッキー・マクリーンの「センチメンタル・ジャーニー」がかかっていた。顔見知りの店員が、ニヤリと笑って、刑事は来ていないよと合図してくれた。そのときのプログラム代りに、手に入れた手配書を証拠に出しておく。嫌疑は本に収録した前衛ヌード写真に陰毛が写っていたというもの。

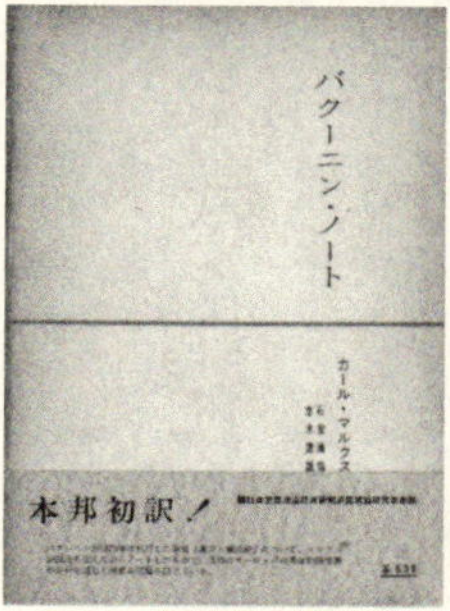

上　一九六二年六月創刊号。反ヨヨギ左翼の結集環だった。
下　これと『古代社会ノート』が合同出版から刊行されていた。

本籍　東京都品川区五反田一～四一〇
住所　不定（元豊島区西巣鴨二～二八六長谷川方）
早大生　平岡正明　昭和十六年一月三十一日生　二十二年　人相　丈一・七〇米　痩形　丸顔の方、目ぱっちり、髪長く、色黒い方、ヒゲ少ない方
右の者は、わいせつ文書販売目的所持被疑者として、捜査中の者ですから、立廻ったときは、警察官、又は一一〇番、若しくは左記警察署へお知らせ下さい。
逮捕状あり
昭和三十八年十二月八日　警視庁戸塚警察署
電話（３４１）四一〇六、四一〇七番
保安係長
捜査宮下係長

本籍がちがってるぞ。俺は五反田に住んだことはない。五反田の記憶は、池上線ホームから見るガード下、大崎広小路の闇市だ。

池上線のホームは、高架の山手線ホームを跨いでさらにその上の、デパートの屋上近くから出ていて、ホーム先端に出ると、はるか下を目黒川の、暗く淀んだ水面があって、

夜になると、電車のスパークで、川沿いの闇市に群れる人びとと、光のやっととどく水面が、口をあけて見えた。

雪谷大塚の伯父の家への行き帰りに、五反田の闇市を見た。闇市を、俺は大好きだが、戸塚署が俺の本籍をまちがえたついでに、東長崎の隠れ家に案内しよう。

東長崎のアジト、森秀人、ロイ・エルドリッジ

『赤い風船』事件が一九六三年十二月四日、この朝、戸塚署のデカが宮原安春と俺の下宿を襲い、宮原は逮捕。俺は箱根の自宅にいて、報を受けてドロンした。

当時「思想の科学」編集長だった森秀人が、アジトを用意してくれた。西武池袋線東長崎駅近く、環七通りぞいの材木屋二階だった。トラックが通るたびに、四六時、家鳴り震動している部屋に、森秀人が運び入れてくれたレコードと再生装置は、次のものである。

オーネット・コールマン「ジャズ、来るべきもの」、黒のとっくりセーターに、白いプラスチック製アルトサックスをかかえたジャケット写真で、「淋しい女《ロンリー・ウーマン》」がA面一曲目の。

当時この盤の日本盤はなく、外盤を所持していた共産党員のジャズ評論家から、おまえが持っていても宝の持ち腐《ぐさ》れだと巻きあげてきたもの、と森秀人は言った。

ロイ・エルドリッジのジャケットのない二五センチLPで、長らく「リトル・ジャズ」と信じていたもの。

ビリー・ホリデイの「ベルリン実況盤」、彼女がチワワ犬を抱いているジャケット写真のだ。

西田佐知子「アカシアの雨がやむとき」のドーナツ盤。

無名の歌謡曲歌手が歌っていたソノシート。曲名も失念。

伊波貞子とフォーシスターズが歌う、「谷茶前」等のはいった琉歌のLP二枚。森秀人は、六〇年安保闘争時沖縄にいた。そのときの土産のレコードで、『甘蔗《かんしょ》伐採期の思想』（現代思潮社）を、彼は出版準備中だった。琉球独立論の先駆的著作である。

「グッピー」という名称の、一九九CC2ストロークエンジン軽自動車を運転して、彼が運び込んだ再生装置は、国産最大級出力管6GB8という真空管を使って自作した、すばらしい60ワットアンプ、二〇センチターンテーブルの、クリスタル・カートリッジつき普及品プレイヤー、スピーカーはナショナルの6PW1という十六センチ口径のダブルコーンを使った小箱密閉箱。ステレオではない。

森秀人は、電機メーカーで働いたことがあり、アンプは文句なしの高級品で、スピーカーは小型ながら彼が設計し、町の電気メーカーが製作して、板橋区だけで二千台売ったそうな。ハイファイ用なのに、プレイヤーが安物というのがチグハグだった。

クリスタル・ピックアップというのは、ロッシェル塩は、ねじると電圧を発生する原理を応用したもので、出力が大きく、イコライザーなしで直接パワーアンプに入力できるのはいいが、6GB8PPの60ワットアンプに入れると、ちょっとボリュームをあげただけで、おたずね者が隠れ家で聴くにふさわしくない大音量が出る。

とくにロイ・エルドリッジだ。ヴァーヴの二五センチ・オリジナル盤だったろう、ジャケットなしのそのLPは、当時の貧弱な国産LPの音にくらべて、もりもりとマッチョで、ハイノートが立ち上るところなどは、戦闘的気分に、毒々しささえもある。この毒がなくちゃジャズじゃない。その毒に、俺は感応していた。

日録と反撃用アジビラにいわく。

「12・7　朝、新聞にわれわれの事件が報道される。にやり。これを機に情宣にはいり、極力情報を混乱させるべく努力する。『逃亡の原則1』を書く。夜中、新宿のN店へジャズをききに出る。ジャズ喫茶がヤバくなっている。」

新聞には、「これからは思想的変質者もとりしまらなくてはなりません」という、警視庁の談話が出ていた。だから「にやり」とした。

思想的変質者と名指しされたのは、俺と、贋・贋千円札（当時出まわった贋千円札を美術品として模倣したスキャンダル作品）の制作者・赤瀬川原平だが、万引で捕まった諸富と、留置中の宮原も加えてやらねば不公平だ。

諸富が本の万引で捕まり、そのバッグから『赤い風船あるいは牝狼の夜』が出てきたのが発端だが、サド『悪徳の栄え』（澁澤龍彦の訳本。やはり猥褻《ワイセツ》文書として裁判中だった）を、早稲田の古本屋で万引した諸富の女、綽名《あだな》は「ズベ処女」が小児麻痺で走れず、諸富が代りにかぶってやったのが真相だ。綽名の由来は、「膣《ちつ》がカーブしていて入らない」ということだった。

一九六三年十二月七日、犯人記す。

その朝刊を読んだのは、東長崎のアジトではなく、下井草にあった仏文科学生の下宿だった。学生仲間から、救援申し入れ続々というぐあいになった。夜中にジャズを聴きに行った「新宿のＮ店」というのが、「汀」である。戸塚警察からの手配書を入手してきてくれたのも、そのときの仏文科の連中だった。

アジビラ「逃亡の原則１」に、黒人革命論がある。

「高々度のものと最底辺のものとが手をとりあう可能性を、アメリカの黒人闘争に見出すことができる。そこでは先進国の労働者運動一般と異なって、高々度の政治・法律的闘争が見わたし難く巨大な、すばらしく根深い、個々の黒人たちの生活のための闘争と反比例しているからだ。一見抽象的な法律の闘争がより高度であればあるだけ、それをより根深い具体的な闘争が支えている。八月二十九日のワシントン大行進を頂点とした、黒人の一連の行動は、かれらの生活実態の悲惨さからして、むしろ穏健にすぎ、要求事項が〈自由〉（フリーダム・ナウ！　という叫び）や〈法的平等〉（公民権をよこせ）に集約されていることに対して、抽象的に過ぎる、あの行動はアメリカの良心をしめしたものだ、という気合の入らない解釈さえ生れた。軍—教育—法—職場—社交—結婚という闘争の場の発展段階で白人との平等をかちとってゆくであろう黒人の闘いが、現在、大筋として法の段階にきているという理由も黒人闘争の抽象性を説明することになるが、決定的にはかれらのスローガンの抽象性と具体性とが反比例の構造をもっていることに原因している。（中略）

アメリカ黒人の闘争は個々の黒人がより自覚し、アメリカ資本主義の中枢にもうひとかみ深く食いつき、かれらの闘争の場を拡大するにつれて、一見精神的闘争の高々度性をより強くうちだす。この鋏状《はさみじよう》逆説差はたんに黒人闘争のみの特殊性ではないだろう。これは最高度の資本主義国アメリカの中のもっともたち遅れた層の目覚め、アメリカ合衆国ほどの水準にない他の諸国の労働者階級よりはるかにおくれた黒人労働者の目覚め、という不均衡発展のもたらした鋏状逆説差だといえる。（中略）

文明の極と未開へのくい込みとが、頽廃と野蛮とが、神秘家と無頼漢とが、連続的にではなく逆説的に、神秘的かつ破廉恥に、手を結びあうかも知れない。これは秩序破壊の狼火《のろし》になるかも知れない。時代は、日本に放浪家の一群が社会的一勢力となって定着しうる展望があることを告げている。そしてこの勢力の最初の代表者たちは、固定的にではなく、放浪のうちに自分の階級を発見するだろう。」

革命か暴動か

一九六三年末段階の、俺の思想的特徴は、次のようなものである。

1　アメリカ黒人労働者という存在は、他の国の、どの労働者階級よりも高賃金を得ていながら、身分的には、奴隷であるという矛盾した存在である。公民権がないということは、依然として、奴隷か囚人に等しいということである。

2　「悲惨」という語は修辞ではなく、南部では、バスやレストランは黒人専用席でなければ使えないということだった。たった四十年前には、そういう状態だった。自由を今すぐ《フリーダム・ナウ》！　というプラカードをかかげた黒人活動家たちが、バスで南部に行って、黒人おことわりの、酒場や、レストランに座りこんだのも当然だ。「フリーダム・ライダーズ」運動という。

3　高賃金かつ奴隷という、アメリカ黒人労働者の存在としての矛盾から、黒人闘争のスローガンの抽象性と、獲得目標の具体性とが、反比例の構造を持っていることを、「鋏状逆説差」という造語で呼んだことは、トロツキズムである。語自体は、トロツキーの「鋏状価格差」にちなむ。

ロシア革命当初、生れたばかりの労働者政権を倒そうと、各国の干渉軍《かんしょう》が攻めこんできた時代、ボルシェビキ政権が警戒したのは、外国軍隊と、密輸業者、投機者によって、ロシア国内に持ちこまれる外国商品だった。外国製品と、国産品の価格差が、V字型にひらけばひらくほど、ソヴェート経済の崩壊が近づく。

その語の問題よりも、他国労働者階級よりも、高賃金かつ無権利という状態に置かれた、合衆国黒人労働者がめざめるという「不均衡発展のもたらした鋏状逆説差」ということが問題であって、それは、黒人の覚醒は爆発的であるという意味だ。

おくれた者が先に立つ。これが歴史の「不均衡発展の法則」である。

4

空想的社会主義者シャルル・フーリエ、およびアンドレ・ブルトン超現実主義の影響が色濃い。高々度のものと、最底辺のものが逆説的に結合する諸相、「神秘的かつ破廉恥」「頽廃と野蛮」「文明の極と未開へのくい込み」という発想がそれだ。

この両端の逆説的結合のイメージが、美学に流れず、やがてジャズ論を通じて、ハーレムを第三世界の進駐ととらえるようになるのが、俺の独自性であり、状況の力学である。

俺には、闇市の記憶があったからだ。

日本の戦後闇市は、大日本帝国に連行されて日本国内にあり、帝国崩壊後の日本に進駐した、アジア人による雑色のコンミューンであった。

5

「時代は、日本に放浪家の一群が社会的一勢力となって定着しうる展望があることを告げている」というのは、ヒッピーのことではない。山谷暴動である。

六〇年代にはいるとともに始まった、偶数年の山谷暴動、奇数年の黒人暴動を、都市反乱の相似型としてとらえられなかったらバカだ。

おたずね者、ビリー・ホリデイ、西田佐知子

アジトに潜んで、ロイ・エルドリッジを聴きながら「思想的変質者」が構想していたのは、そういうことだったのである。それは、ロイのトランペットを伴奏するオスカー・ピーターソンの、不吉なほど抒情的なオルガンと、その抒情の霧を切り裂くように立ち上がる、ロイの毒々しいまでに戦闘的なダーティトーンがもたらした、おたずね者感覚だった。

おたずね者が、骨まで凍るようなブルースに耳を傾けるとはかぎらない。ビリー・ホリデイの歌なんて、おのが身に合いすぎて、首くくりたくなるだろう。品の悪い、酒場のダミ声や、蓮ッ葉女の嬌声のほうが、気が休まるかもしれないし、隠れ家のベッドにもぐりこんで、ラジオで聴くムード音楽のほうがいいだろう。「国境の南《サウス・オブ・ボーダー》」なんかさ、メキシコへの脱出を図る、ボーニーとクライドみたいな気持になるだろう。

西田佐知子があって、ビリー・ホリデイがあって、〽タンチャマシマシ、デアンがソイソイ……南方の匂いの濃い、伊波姉妹の琉歌があって、オーネットの前衛ジャズがあ

って、そこにロイ・エルドリッジだ。もうしぶんないよ。

そのエルドリッジの曲だが、東長崎のアジトで聴いた、すてきな二五センチ盤を探して、渡仏時代に、あちらのミュージシャンと組んだフランス・ヴォーグ盤「リトル・ジャズ」や、レスター・ヤングと組んだ「ジャズ・ジャイアント'56」など、だいぶロイの盤も集まって、近いのだが、そうだこれだった、と指を鳴らせる演奏にぶつからなかった。

オスカー・ピーターソンがオルガンを弾いているのなんて、めずらしいからまちがいはしないと思うのだが、それから四十年経った。二〇〇二年にぶつかって、それは「Dale's Wail」（デールの嘆き？　意味不詳）という盤だった。ただし、オリジナルのヴ

探していたロイ・エルドリッジはこれ。
ただし原盤ではなくドイツの復刻盤。

ァーヴの二五センチ盤ではない。西独製の復刻盤で、ゲルハルト・ノアックという画家による、ロイの油絵肖像がジャケットに使われている。そのA面三曲目の「ザ・マン・アイ・ラブ」三分三十八秒の演奏が、まちがいなくそれだ。メンバーは、ロイ、オスカー、ギターがバーニー・ケッセル、ベースがレイ・ブラウン、ドラムスがジョー・ジョーンズ。演奏は一九五三年四月の紐育吹込み。

とすると、俺は東長崎・環七通りぞいの隠れ家で、十年後に、その演奏を聴いていたことになる。ロイはすでに盛時を過ぎている。トランペットは、とっくにガレスピー、そしてマイルスやクリフォード・ブラウンの時代で、オスカーやレイ・ブラウンらモダンジャズ奏者は、ひかえめに先輩のラッパをひきたてる役にまわり、ために、この中間派セッションの中から、ロイが、おれがおれであるゆえんは、このアタックの鋭い立ち上りの音と、想いあふれるかのようなダーティトーンの泣き一発、とラッパを吹いている、そのちょっとした古めかしさ、それがおたずね者にはちょうどいい。

そんなぐあいに俺は、ジャズを自分の世界観にくりこみ、ジャズによる世界観を形成していった。ロイの「ザ・マン・アイ・ラブ」を聴きながら、ジャズの時航機《タイムマシン》的特性に身をゆだねつつ、東長崎環状七号通りのアジトに立ちもどろう。

ジャズは黒くなければならない

ジャズを、ためらいなく世界観にしたのは、俺が、世界革命の立場に立つブンドだったからだ。

マルコムXの黒回教《ブラック・ムスリム》離脱を、見守っていた日本の左翼活動家は、二ケタの単位でいたと思うが、ジャズと超現実主義《シュール・レアリズム》の相似を、第三世界革命論の見本台帳として読んだのが、俺だった。

偶数年の山谷暴動と、奇数年の黒人暴動を相似型のものとみなすのは、左翼活動家として当然だが、暴動を統一戦線の高度の形態とみなすのは、ジャズ的発想である。

ふつう、暴動は、大衆運動の自然発生的な低次な形態であり、目的と計画性を有する反乱に高まらなければいけない、なんて説教されるが、高まるや、指導部の日和見主義によって失敗することになっている。暴動のほうが高次の形態だ。

安保と三池闘争の最昂揚時でも、日本の労働者階級は、三分の一しか組織されなかった。暴動は、どこで、だれがはじめるかわからない、階級闘争のジャズ的形態である。老若男女街頭に飛びだしてきて、その「組織率」は、祭の規模に達する。

暴動は、統一戦線の高度の形態であると言って、最高の形態であると言わないのは、「ソヴェートは統一戦線の最高形態である」という、一九一七年ロシア革命の、レーニンとトロツキーの火の文字に敬意を表するためである。

社会主義イデオロギーで武装したインテリが、労働者階級を指導してプロレタリア革命にいたるという、スターリン主義の前衛組織論が、あちこちでボロを出したなかで、日本共産党のみならず、ブンドの前衛党神話を、ジャズで笑ったのは俺だ。

したがって、黒くないジャズなんてクソくらえ。

銀座・有楽町界隈

有楽町スバル街「オパール」

ラジオ関東一九六〇年六月十五日国会前実況

「目の前で警官隊が警棒をふるっております。「この野郎」「バカ野郎」と言っております。いま殴っております。マイクロフォンを近づけてみましょう。マイクロフォンもいま、警官隊によって引きずりまわされております。

ウー（サイレンの音）

いま実況放送中でありますが、いま警官隊が私の顔を殴りました。そして首玉《くびったま》をつかまえ、「お前、なにをしているんだ」というように言っております。これが現状であります。すごい状態です。法律も、そして秩序もなにもありません。ただ憎しみのみ。怒りに燃えている警官隊と、学生たちの憎しみあるのみ。

（別のアナウンサーに変る）

いま島アナウンサーが首玉をつかまれまして、ものすごい勢いで殴られましたが、このときの警官隊の形相は、まったく人間とは思えぬ、ただあるのは動物としての憎悪のみ。ここまで断言しても過言ではないと思います。あ、またあそこで、ものの十メートルと離れていない、警官が二人、すごい暴力。警官のすごい暴力です。これが現場の状況です。これが日本の現在の情勢です。」（一九六〇年六月十五日、ラジオ関東島碩弥アナウンサーの一分二十五秒の実況）

この日、島アナウンサーらを乗せたラジオ関東の取材陣は、野球の中継で後楽園に来ており、野球放送をおえて局への帰り、局の指令で国会周辺のデモ取材にまわり、この歴史的な実況になった。

二〇〇三年に、再放送されたものから書きおこした。殴られたダメージで島アナウンサーが発声できなくなり、隣にいたもう一人のアナウンサーがマイクをひきとって放送を続けたというのが、噂で伝えられている以上に生々しい。騒擾《そうじょう》の取材が目的ではなく、たまたま野球実況中継の帰り、というのも面白い。

そうそう、ラジオ関東は横浜の野毛山にあったのである。バタくささと闇市っぽさがいりまじって、いまより無国籍的な町だった。黒沢明「天国と地獄」の舞台にもなった町だ。

そのラジオ関東は音楽局として有名だったのである。土曜深夜一時に京急提供の「ミッドナイト・ジャズ」があって、テーマ曲は「素敵な貴方《バイ・ミア・ビスト・ドゥ・シェーン》」だった。ほかに深夜ジャズ番組に「ミュージック・ステーション」というのもあって、ケン田島という英語の上手なアナウンサーが担当していて、テーマ曲はビリー・ヴォーン楽団の「波路はるかに」だった。

この話を、古参テナー奏者芦田ヒロシと、横浜ジャズシーンの生き字引き「パパジョン」の島村秀二が対談した、横浜西区のジャズ講座で聴きながら、俺は超《シュール》な感覚の中にいた。かれらがその話を回想している一九五九年十一月の時点は、「素敵な貴方」の流れるハマから十五キロ先の羽田空港では、全学連が岸信介訪米阻止のためロビーを占領していた。岸は逃げだした。そんな夜に「波路はるかに」が流れていたと想像してくれ。

ラジオ関東は全学連に人気があった。この局のデモ現場取材はラジ関＝ラヂ漢（＝ラジカル男）といわれたほど戦闘的で、樺美智子が殺された日、いつも国会周辺から実況放送しているラジ関の取材車に機動隊員がのりこんでくる様子を放送し、私は首をしめられます、クェッという声まで放送した。

この局の社長は遠山景久という転向者だった。刺青奉行遠山の金さんの子孫を自称している。論争社という出版社もおこし、山西英一訳のトロツキー『裏切られた革命』や、対馬忠行ソ連論の書冊、反日共系左翼の本を出版していた。

ラジオ関東は「ラジオ日本」になってから駄目になる。

ラジオ神戸は、ラジオ関西と名をかえて神戸市垂水から、未だに音楽局として放送をつづけている。阪神大震災時、社屋が倒壊しながらも新聞を出しつづけた「神戸新聞」と、きめ細かく市中情況の報告をつづけたラジオ関西の活躍は、立派だった。

ホレス・シルヴァー、太陽族

有楽町スバル街、というところがあった。

駅前日比谷側、いまはタワービルが一つ、デンと鎮座しているところに、袋小路の広場があった。

幅広のゆるい石段、石段のわきのパチンコ屋と水のとまった噴水、石段上の広場に洋食屋、酒場、「オパール」と「ママ」という、二軒のモダンジャズ喫茶があった。

ホレス・シルヴァー五重奏団の「ホレススコープ」。
ブルーノート原盤の強烈さに酔った。

進駐軍時代の雰囲気が残っていた。戦後ジャズ史に名高い「コンボ」という店は、この一角にあったのかと俺は思いこんでいた。きくと、守安祥太郎や秋吉敏子が、レコードを聴いてバップを研究したその店は、駅の反対側、いまは新幹線の高架のあたりにあったのだそうだが、その話とは別に、スバル街を見つけたのは、デモ帰りだった。

はじめの頃は「オパール」がひいきだった。

こちらの方が奥にあったことと（デモ帰りに刑事をまいて「逃げこむ」という、おたずね者意識が強かったから）、真四角のスピーカーボックスの真ン中の、サイコロの1《ピン》の位置にマウントされている二〇センチスピーカーの音が、あまりにジャズ的だったからだ。

かかっていたのはホレス・シルヴァー五重奏団の「ホレススコープ」だった。左手の絵が描いてあって、指の五本に、ピアノのシルヴァー、ペットのブルー・ミッチェル、テナーのジュニア・クック、ベースのジーン・テイラー、ドラムスのロイ・ブルックスの名が書いてあるジャケットの、ブルーノート盤だ。

まさに強烈。ブルーノート盤は、こういう音がするのかと驚いた。

スピーカーは種類がわからない。サイコロ型ボックスに二〇センチ用穴があいていて、サランネットでおおわれて中味がわからない。

いま思えば、ＲＣＡビクターか、ジェンセンの８インチだと思うのだが、真四角な型の真ン中にスピーカーをとりつけて、箱の中の定在波を利用して、ベースの音をそれらしく聴かせたのかとも思っている。

定在波によって、特定の周波数が強調されるのをきらって、スピーカーは真ン中をはずしてとりつけるというのが、オーディオの常識だが、定石やぶりは、スピーカーは、ジャズがジャズらしく聴こえればいいのだという主張だろう。四十年前に、「オパール」で鳴っていたスピーカーが手にはいるものなら、もう一度聴いてみたい。

石原慎太郎は「ファンキー・ジャンプ」を書いたとき、有楽町スバル街「オパール」で、ホレス・シルヴァーの「シルヴァーズ・ブルー」を聴いていたのではないか、と考えたことがある。あの小説は、パリのジャズクラブで、石原慎太郎がホレス・シルヴァーを聴いた実体験に基づき、小説の主人公が演奏する曲順は、レコード「シルヴァーズ・ブルー」の曲順に準じていることは、『チャーリー・パーカーの芸術』（毎日新聞社）に分析したとおりだ。

この店で、シルヴァーのレコードを聴いた自分の音の記憶は、太陽族風の、ぷりぷりしたはねっ返りの音だった。

有楽町スバル街「ママ」

ハンク・モブレイ

スバル街の夜をおぼえている。

真赤な月が出ていた。

日比谷上空の赤い月というのは、植民地的な感じがする。

六浦光雄の漫画の記憶だ。思い思いの洋装を身にまとった、このあたり一帯の夜の蝶たちが、最終電車で家路につくべく、有楽町駅へ向うタブローだ。

「オパール」は、あの魅力的なサイコロ型スピーカーをやめて、コーラルの10D1という、国産スピーカーにきりかえた。アメリカAR社の、ライセンス生産の完全密箱型スピーカーで、歪みの少ない静かな音を再生した。

その音が好みにあわず、もう一軒の「ママ」のほうに行くのがふえた。

「ママ」にも、学生時代からよく行っており、ゲオルグ・ルカーチ(※――註＝ハンガリーのマルクス主義哲学者)みたいな顔のマスターを眺めながら聴くと、眺めたくて眺めるのではないが、向って左手の小さなカウンターの中で、ネル地のコーヒー淹れでコーヒーをたてている亭主の姿が、モノラルのコーナー型スピーカーが置いてある、左手方角に顔を向けると目にはいってしまうからだが、デモ後の一刻をぬすんでジャズを聴くという、極私的逸楽の間に、ハンク・モブレイの「ロール・コール」における、ブレイキズムの戦闘性がくっきり際立ってきて、それからしばらく後、この店がアルテックのホーン型を入れて、音がハイファイになったときよりも、以前の、コーナー型モノラル箱時代のほうが、秘教的な雰囲気があった。

国会デモは、土橋のところで解散だ。

銀座の表通りを歩く。

裏通りを歩いてはいけない。刑事にやられる。

一駅ゆっくり銀ブラして、スッとビルの路地にはいるのがコツ。中にいる客がチラッと視線を向けてくる。こいつデモ帰りだな、異教徒だが入れてやろう、そんな雰囲気があった。

ロリンズ「ニュークス・タイム」の「アジア光線」という曲を聴いて、この五分ほどの演奏は、俺の四百字詰原稿用紙七十五枚分の思想量に等しい、と換算する方程式を発見したと思ったとたん、その式を忘れてしまうという体験をしたのは、スバル街の「ママ」が、再開発でつぶされて、あらたに新宿武蔵野館通りに移転してきた店でだった。

八重洲口「ママ」

コルトレーンと澁澤龍彦

骨嚙みのように、一つの店に一曲だけ、ジャズの骨片が嚙んでいるケースがあるのだ。コルトレーン「ブルー・トレイン」は、八重洲口の「ママ」の階段下に、階上から降りてくる音がいちばんよかった。「丸善」で本を買った足で「ママ」へまわると、この店でMJQを聴く日本橋人種の心理がわかる。

この店の音は、端正で硬目だった。デンマーク製オルトフォンのMC型、ドイツ軍の鉄兜《てつかぶと》と俗称された、黒色塗装アルミ製のシェルにはいった、SPUカートリッジの音を聴けた。オルトフォンの音を聴きに、俺は何度か日本橋まで足を運んだ。

スーツを着込んで、澁澤龍彦『神聖受胎』を読みながら、鎌倉か湘南の家に帰るという非行者の型があった。その男が、湘南ボーイだという証拠を出せといわれても困るがね。八重洲口「ママ」でスーツを着て、澁澤龍彦を読み耽っている若い男を見かけ、ああ、これは俺とちがう種類の不良だと思ったことがある。そして俺は箱根の家へ帰ろうか、池袋の下宿へ戻ろうかとちょっと迷って、赤い地下鉄で池袋に向かった。

そんなやつと、湘南電車に乗りあわせるだろうことがいやだった。

オーケイ、日本橋から反対側の銀座七丁目に散歩して、俺がジャズ評論家としてデビューした話をしよう。

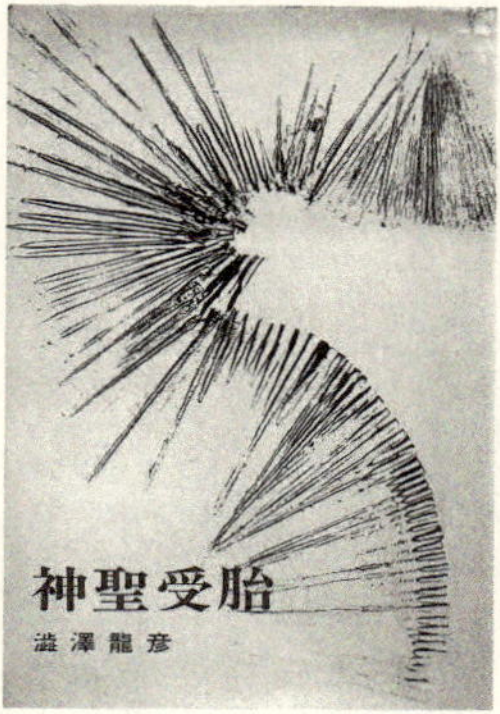

澁澤的ラジカリズムの粋、『神聖受胎』（現代思潮社初版）

東銀座「オレオ」

松坂比呂、「ジャズ批評」、「ジャズ宣言」

ジャッキー・マクリーンは、東銀座松坂屋裏「オレオ」の、ローサーのスピーカーで聴くのがいちばんだった。英国製ダブルコーン、公称二〇センチ口径の、マグネットの塊《かたまり》みたいなスピーカー。

この店は「ジャズ批評」発行人・松坂比呂の店だった。銀座七丁目、古いビルの二階にあって細長く、近くに、深沢七郎が東京一うまい餃子といっていた「東華飯店」があり、電通社員時代の荒木経惟が、ラーメン屋写真展を月例のようにやっていた「キッチン・ラーメン」があり、あと二丁行くと築地で、イーストエンドの気配がした。

一九六七年六月、「ジャズ批評」創刊号は、和文タイプ印刷。巻頭が、俺の「ジャズ宣言」だ。

「どんな感情をもつことでも、感情をもつことは、つねに、絶対的に、ただしい。ジャズがわれわれによびさますものは、感情をもつことの猛々しさとすさまじさである。あらゆる感情が正当である。感情は、多様であり、量的に大であればあるほどさらに正当である。感情にとって、これ以下に下劣なものはなく、これ以上に高潔なものはない、という限界はない。瀆神、劣情、はずかしさ、憎悪、うぬぼれ、卑怯……これらはひとまえでだしにくいが、しかしそれらの感情をもつことがただしいのみならず、場ちがいで破壊的な感情がめばえたときにでも、その感情をもつことは絶対的なただしさがある。」

　この宣言で、俺はジャズ評論家になった。

　荒木経惟は、毎月「キッチン・ラーメン」でひらく写真展で、男を上げつつあった。ラーメン屋の壁面に、写真を飾るのである。その写真は裸婦像で、痩せた全裸モデルが、

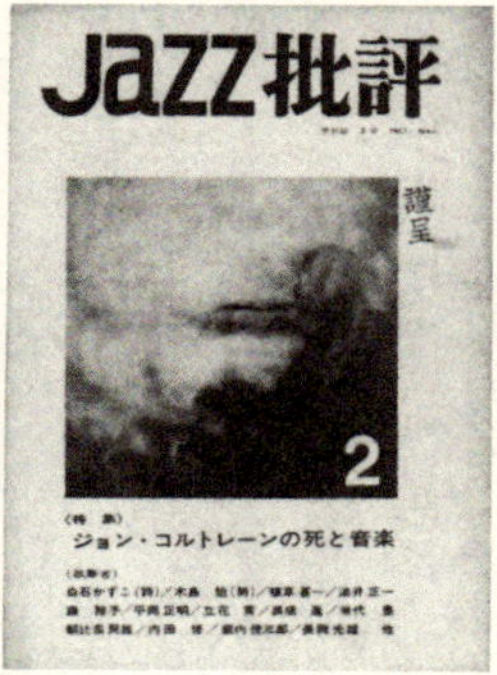

この第2号から活版活字になる。
タイプ印刷の創刊号は紛失。

恥丘も高々と大股びらきになり、薄い胸とあばら骨の向こうで顔をもたげてニッコリという、ラーメンのスープをとったあとの鶏骨《とりがら》みたいな、ビーバーショットが多かった。

名物は「ベトナム・ラーメン」だった。汁ビーフンの「フォー」ではない。煮豚のタレで煮こんだニンニクを、丸ごと一顆《か》、ラーメンに放りこんだもので、「ベトナム」たるゆえんは、次々に新戦術を案出して米軍を追いこむ、解放戦線《ベトコン》の強さにあやかる命名だった。

あぶら照りする丼の中味と、スープのだしがらみたいな裸体モデルと、亡者の経帷衣《きようかたびら》を思わせる写真家の名前が、新橋闇市の記憶をよみがえらせつつ、反乱する植民地＝第三世界を起点に、革命期を思わせる雰囲気を銀座の一角にただよわせていた。

「オレオ」は鰻の寝床状の店で、トントントンと階段を上がって扉を押して、レジとレコード操作台のある側を前面とすれば、前面にはめころしのガラス窓があり、窓の両脇の壁上方に、ローサーの「アコースタ」という商品名のバックロードホーンが吊《つ》ってあり、店の後ろ側、トイレットのある側に、パイオニアの3ウェイ・スピーカーがあった。

そちらのほうには、客が行かなかった。常連客は、例外なくローサーのある側に集まった。音の生々しさがまるでちがったのだ。小会議をするときに、後ろの席に集まるほかは、ここが「ジャズ批評」を刊行しはじめた店と知らずにやってくる、一見《いちげん》の客が座っているかだった。

銀座ジャズの音

「オレオ」のローサーの音は、銀座の音だったのである。それも、新宿にジャズの覇権を奪われたあとの、一九六〇年代後半の銀座のジャズの音だ。

銀座の音とは、戦後ジャズ史に伝説的なセッションの余香《のこりが》であり、古くは一九五四年の「モカンボ・セッション」を録音するために、横浜伊勢佐木町まで重いテープレコーダーを持ち運んだショーリー川桐徹がマスターだった、これまた伝説的な有楽町駅前の「コンボ」がそうだし、一九六三年の「銀巴里セッション」ならびに六五年六月の「ジャズ・ギャラリー8《エイト》セッション」の余香を意味した。当時六〇年代中頃の銀座界隈にあったいくつかのジャズスポット、八重洲口「ママ」、スバル街の「オパール」と「ママ」、東銀座の「ローク」、生演奏がよく行われたガスホール等の実体的加算だけではない。

銀座ジャズとは、戦後ジャズ史に輝くセッションの記憶であって、ジャズの中心が新宿に移ったのちの、実演をやらなかった店「オレオ」に残ったクールな気風に、モダンジャズのレコードを聴くために、わざわざ銀座に出る意味があった。それはヨーロッパ調の音だった。

銀座ヤマハ楽器店の、オーディオ販売部に並べられていた最高級品は、ヨーロッパ製品だった。箱に入れず単品で展示してあった、15インチのタンノイのスピーカー・モニター・レッド。黄金色に塗装された、ケーリーのリボンツイター。これは箱入りの完成品だったが、スコットランドの樽作り職人が作ったといわれる、音響箱入りの英国ワーフェデール製「エアデール」スピーカー。

デンマーク製オルトフォンのカートリッジと、その専用の黒いキャラメルみたいなドイツ軍の鉄兜と称された、シェルおよび不愛想なロングアーム。スイス製トーレンスのターンテーブル。英国クオード製の真空管アンプ一式は、弁当箱くらいのコンパクトなプリアンプとKT66出力管を使った、ハンサムなモノラルのパワーアンプ二台が一組で、そして、それらのなかで小さいくせにひときわきかん気の面構《つらがま》えをしたのが、BBC放送局モニター用に開発された、グッドマンのAXIOM80という二〇センチ口径のダブルコーンスピーカーと、さらにやる気を形に出したクラウチング・スタイルのボクサーみたいな、ローサーのダブルコーンだった。

着色しないクラフト紙のままの強靭なコーン、メインコーンと面一《つらいち》になる比較的大きなサブコーン、真ン中にあるイチヂクと称される高音拡散器《ディフューザー》、そして背負った非常識に大きな永久磁石。うまく鳴らしてごらん、これ一つで米国製の大艦巨砲に張りあうよ、と形が告げている。

これら欧州製の音響製品は、いったいどんな音がするのだろう。あこがれつつ、オランダ・アムステルダム駅を模したといわれる東京駅、ベルリンの官衙《かんが》街《がい》を想わせる丸の内、ロンドンをモデルにしたのか日本橋界隈、そして巴里《パリ》的な銀座通りと、欧州調といっても一色ではない銀座を歩いて、東銀座七丁目、あと二丁行くと運河と海のイーストエンド、「オレオ」の階段を上がってローサーの奏でるジャズを、黄昏時から夜にかけて聴くのである。

サラリーマンだったから、渋谷の会社の勤めをおえて、黄色い地下鉄で銀座に出ると、その時間になった。

バド・パウエル、佐藤秀樹、大江健三郎

マクリーンとバド・パウエルは、音響自慢の新宿や渋谷のジャズ喫茶のアルテックやＪＢＬより、「オレオ」のローサー二〇センチ・ダブルコーン一発のほうがよかった。不思議に思いつつ、銀座派ジャズファンのクールな雰囲気のなかで、オーナーの松坂比呂をはじめとして、ジャズを聴いているときに話しかけたりしないだけで、銀座は新宿とちがうと感心したものだった。

この店でやった、佐藤秀樹のレコード解説会を報告する。

憶えているぞ、タイトルは「モダーンジャズの抒情」というのだ。時は、一九六七年の、肌寒くなってジャンパーを羽織っていたから、晩秋だったろう。佐藤秀樹のバド・パウエル論には定評がある。彼は出版社のダイヤモンド社に勤めていた。社屋は「オレ

オ」の近くだ。

「ブルース・イン・ザ・クローゼット」がかかった。

アメリカ時代のバドです。レイ・ブラウンのベースを得て申し分なくスイングするバドで、こういうのにくらべると、ヨーロッパに行ってからのバドは、抜け殻みたいなものだという説をとなえる人が多いのですが、自分はその意見に与《くみ》しません、と彼は言った。

おう、そうだとも。欧州時代のバドがだめだというのなら、証拠をだしてみてくれ。

佐藤の語る「ブルース・イン・ザ・クローゼット」が印象に残っているのは、この盤のジャケットが好きだからだ。ジャケットを縦半分にして、左半分に女の立ち姿。トレアドル・パンツをはいて、身体を少し弓ぞりさせて、浮世絵なら「柱かくし」というポーズなのだが、私、オシッコしたいの、と言っているのだというのが、一部で笑いをとった俺の曲解だ。「クローゼット（戸棚）」を「ウォーター・クローゼット」、つまりWCと曲解するとこうなる。こういうことを言う俺は、銀座派ではないな。馬糞くさい、新宿が似合うんだろうよ。

バド・パウエルに関する、大江健三郎の功罪がある。

彼がサルトルに会いにパリに行ったとき、シャンゼリゼ大通りの「ブルーノート」クラブで、バドの演奏を聴いた。バドはとつぜん霊感にみちたソロをとり、とつぜんコントロールを乱し、「ぼくのテーブルの脇をとおりすぎるとき、ぼくはかれが、やはり泳ぎつかれたセイウチのように苦しげな荒い息を吐く音を聞きつけた。」（『厳粛な綱渡り』所収）

一九六四年の現認である。アルジェリア植民地軍ＯＡＳ《オーアーセー》（旧日本軍の満州関東軍にあたる）のクーデタが迫り、パリ市民が「ＯＡＳ暗殺者《オーアーセー・アッサッサン》」とシュプレヒコールをあげながら街頭をデモし、警官隊と衝突した当時のパリで、バドを聴いた日本人なんてほとんどいやしなかったから、これを読んだジャズファンたちが、ヨーロッパのバドを、時に霊感にみちることもある老いたるセイウチの如し、と決り文句のように言うようになった。

上　オーディオは測定器の奴隷ではない。佐久間駿の名文句だ。

下　「オーディオ界の巨匠池田圭氏が彫心鏤骨、珠玉のエッセイ集茲に出来」とオビにある（昭和五十四年十一月、ステレオサウンド社刊）。

佐藤秀樹が、そんなことはないとＤＪで静かに語ったのを、俺は記憶している。のち、鬱こそ、バドの最上の状態であって、欧州とともに黄昏行く天才バド、とたたえたのが佐久間駿だった。佐久間は、世に知られた佐久間アンプの製作者であり、ローサー使いである。

もう一例を引く。池田圭のオーディオ広告文である。

「沈黙するあたわず、書をオーディオ愛好家に寄す。

顧みれば戦前のフィリップス・スピーカーは、その繊細にして典雅な音色を以て愛好家を魅了して止まなかった。若き日の僕はこれをCotyのコンパクトに依ってなされた薄化粧の美しさに喩《たと》えて、昂然とした記憶がある。歳月は流れ、僕の頭髪は美しからざるグレイ色を呈している。

けれども戦後も二十年、ここに新しく輸入されたフィリップス・スピーカーは新粧なって往年の繊細に加えるに華麗、典雅なる上に荘重なる美しさを以て現れた。絢爛たる高音域に加えるに、圧倒的な中低音域の迫力は何に喩えるべきであろうか。しかも猶《なお》、驚くべき感度を有している。コーン型スピーカーとして想像を絶し、大方を驚倒せしめる。

僕は老い、スピーカーは若く炎《も》え上がる青春の調べを奏でる。

この邦に生れ、レコードを聞くこと五十年に及んだ僕は、今猶《いまなお》Hi─Fiの金城湯池の邦、日本に生き長らえ、数多くのオーディオ製品が邦人の手によって作られ愛好されているのを見る。ここに何の理由を以て、異国のスピーカーを称揚し世に推《お》さんとするか。言う、味わうべく、学ぶべきものを満載しているが故に。」（池田圭『音の夕映』）

オランダ・フィリップス社製の、二〇センチ口径ダブルコーン・スピーカーの宣伝文である。実物を見ると、ラジオについているような頼りないスピーカーで、ローサーの全身闘志といった面構えとはまるでちがう。値段も国産二〇センチスピーカーと変らなかった。そんな製品への肩入れがこの文章だ。

池田圭は生涯に渡って、商品の宣伝はこのフィリップスのスピーカー、グレースのG180Sというオイルダンプアーム、「音の奇蹟美」とまで賞讃したテクニクス1の掌上スピーカー、ジーメンスのオイローパ号（ヒットラーの演説を隣国までとどかせたというやつ）を髣髴《ほうふつ》させると肩入れした、日本ビクターのSX3という小型密閉スピーカー、この四つしかしていない。

池田圭は、隠岐島の素封家の息子に生れ、上京したが、学業を修めず、職に就かず、ただ蓄音機一筋に一生を遊んで暮し、自分を人間扱いしてくれたのは、利にさとい銀座の商人と、浅草の娼婦だけだったと公然と語る、反時代的人物だった。

池田圭のフィリップス・スピーカーに寄せた宣伝文は一九六〇年代前半の、俺の「ジャズ宣言」が、六〇年代後半の時代の雰囲気を象徴する文章だ、と言ってくれた友人がいて、まんざらでもないので並列してみたが、そうだね、スゴイものだね、池田圭も俺も。

黄昏の銀座、熔鉱炉の新宿、「ジャズ会議」

銀座「オレオ」の音というのは存在した。それは、新宿の喧騒と、その喧騒をかきわけるような米国製オーディオの大艦巨砲主義をとらず、かつての伝説的なライブ・セッションの余香のなかに、シングルコーンあるいはダブルコーン一発で、文明開化以来の舶来の音楽を奏でてやろうとする意志である。

一九六七年、それはジャズ史上のハードバップ最上の年、一九五七年の十年後であり、新宿三丁目の「ジハンナ」で、日本ジャズ革命の中間総括たる三日連続のシンポジウム「ジャズ会議」が行われた年であり、街頭ではデモ隊が機動隊を圧倒した年であり、俺は渋谷の語学産業の会社で働いていて、労働組合結成に向かっていた（労組結成は六七年十一月）。

ジャズ、演劇、映画、反権力の闘争を一つ容器に叩き込んで、新宿は熔鉱炉だった。そこを一つはずして、俺は銀座「オレオ」でジャズ批評家デビューした。

都会の哀愁は、銀座の夕暮どきがいちばんだと、いまでもいえる。

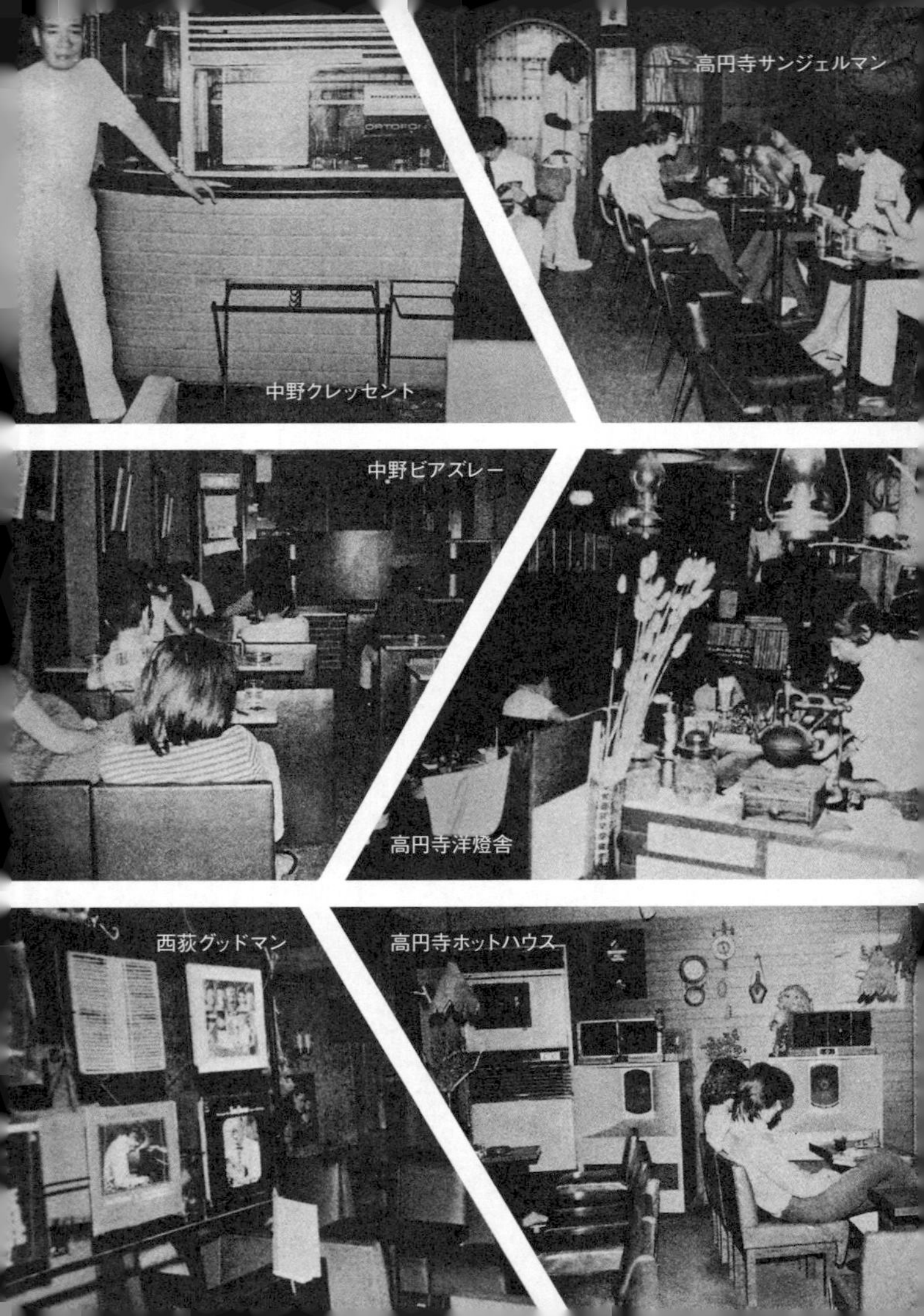
中野クレッセント
高円寺サンジェルマン
中野ビアズレー
高円寺洋燈舎
西荻グッドマン
高円寺ホットハウス

浅草フラミンゴ

門前仲町タカノ

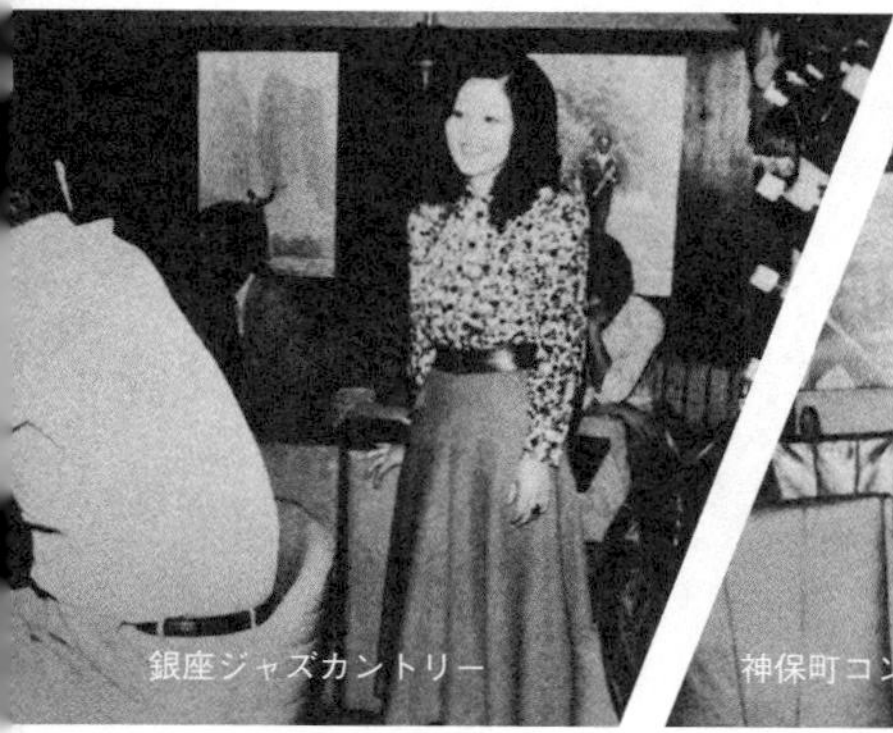
銀座ジャズカントリー

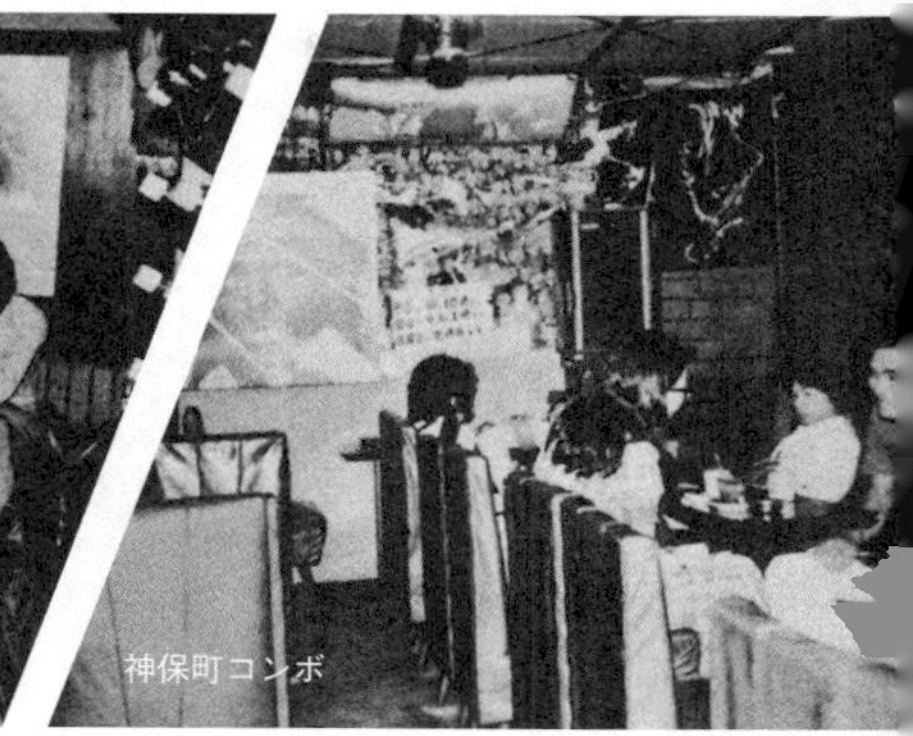
神保町コンボ

神保町響

御茶の水スマイル

池袋・谷根千界隈

最初にはいったジャズ喫茶——一九六〇年秋

その店名がわからない

俺が最初にはいったジャズ喫茶は、池袋にあった。

東口だ。

日活がある。和菓子屋がある。また映画館がある。

洋画の三番館で、「大アマゾンの半魚人」、「タランチュラの襲撃」なんてのがかかって、放射能を浴びて巨大化した毒蜘蛛が、金髪美人を捕食している、猟奇趣味のペンキ絵の看板が出ている。

街路樹のわきに宝くじ売場がある。また一軒映画館があって、日勝《にっしょう》といい、その地下に「暴力教室」がかかった。ペンキ絵の洋画二番館と日勝にはさまれて、地下室の洋食屋があり、その隣りに、セピア色のジャズ喫茶があった。

セピア色の記憶なんていうと、ロマンチックに感じるだろうが、そのジャズ喫茶は、入口の扉も、壁も、ニスを塗って茶色いのだ。半地下の入口の扉に、ガレスピーの大きくひきのばした写真が貼ってあった。

一度、ジャズ喫茶というところにはいってみようと思いながら、足は「幻想」というクラシック喫茶に向いて、そのジャズ喫茶にはいれなかったのは、高校生のときだ。理由は、巣鴨の「かど」(※——註＝新宿・古いジャズ雑誌から参照)にはいれなかったのと同じで、クラシックは善であり、ジャズは悪だったからだ。「暴力教室」だって、おおっぴらに観に行ったのではない。一九五〇年代なんて、そんなものだった。

その店にはいったのは、一九六〇年九月だ。ブンドの班会議(※——註＝イントロ「ジャルダン」参照)があった。

終電近く、人通りの絶えた西武デパート前の舗道を、早大全学協議長の宮脇則夫、静岡出身の杉山という史学科の先輩、俺の三人で徒競走し、その半地下のジャズ喫茶にはいった。走りくらべは杉山先輩が一着だった。

記憶は明瞭だが、なんで池袋のジャズ喫茶で、終電間際の時間に班会議をやったのかがわからない。いつもは早大周辺か、新宿で落ちあう活動家たちが、池袋を選んだのは、他党派を警戒してのものか。遅くまでやっている店が、たまたまジャズ喫茶だったということなのか。

こうして俺は、高校時代ためらってはいれなかった場所に、ブンドの班会議ではまりこんでいた。ジャズは騒《うる》さかったが、耳を聾《ろう》するというほどではなく、奥のコーナーのボックス席は六、七人の小会議には、盗み聴きされる心配がなくて都合がよかった。

ところで、その店の名を思い出せないのだ。テネシーだったか、コロラドだったか、フロリダだったか。米国の地名を使っていたはずだが、「コロラド」というチェーン店は「ドトール」の姉妹店としてあるし、始発までのしけた夜を過ごす「フロリダ」という深夜喫茶も、あちこちの国電駅前にあってますます記憶をあやふやにする。

この店の記憶がはっきりすれば、六〇年十一月の病院スト応援の帰り、(※――註＝カルチェラタン界隈・中大正門前「マイルス」参照)中大正面前「マイルス」で「ウォーキン」を聴いたのが、マイルス鑑賞ことはじめというのがはっきりするのだが、無理だろうか。

薄茶色の町の記憶

佐久間駿とのラジオ対談で架空映画を語るときには、観たのは池袋の日勝地下、上の映画館では、いつも宮下順子の「四畳半襖《ふすま》の裏張《うらば》り」がかかっていることにしたのは、佐久間も俺もともに、池袋東口に映画館が数軒並ぶあの一角を、ニスがかかって茶色くなった記憶の底から、ピンセットで総天然色の記憶の断片をつまみだすのに好都合だからである。

朝倉喬司はかつて言った。プリンスとかパレスとか、そんな宮廷にちなむ店名で、ぶあつい黄色のアクリル製の扉を推《お》して中にはいると、整形美人のウエイトレスがいる店は、戦後過程ではぐれた在日朝鮮人の経営が多いと。

ふーむ、俺が佐久間駿にニスがかかったように茶色く変色した池袋東口の一角を、自分の残像のつまった函のように語るのは、あの一角が、台北《タイペイ》の町角を連想させるからである。龍山寺《ロンシャンシー》門前町の雑踏の中で、ここは池袋だと感じたことがある。目をつむると閩《ビン》語や屋台の匂いに、自分は外国にいるとわかるのだが、目をあけると池袋と錯覚していた。

池袋の遠い記憶にある、さまざまな濃淡に塗り分けられた茶色の扉、茶色の壁紙、茶色の調度、茶色の看板、薄茶色の肌の男女は、日本の戦後過程で、在日韓国人・朝鮮人より見えにくい存在になりつつある、台湾人の色彩である。

池袋篇「パンセ」

エリック・ドルフィー

池袋東口、三越デパートの横っちょにあった「パンセ」で、エリック・ドルフィーのアドリブと、富永一朗マンガ『ポンコツおやじ』の類似性を、「思想の科学」編集長時代の森秀人に語り、富永一朗をヘーゲル論理学で解いてみせると宣言したことがある。

俺は、池袋の大塚寄りに下宿していて、ほら、「手配書」（※――註＝新宿界隈・ふたたび「汀」にて参照）に記された西巣鴨二丁目長谷川方というところで、板橋住まいの森秀人と落ちあうのは「パンセ」が多かった。

それから三十年経った。

丹沢山塊裏の山道をドライブしていて、神奈川県と山梨県の境に、富永一朗記念館があった。道志川の源流近く、水澄み、明るい陽光に孟宗竹林がつやつや光っているという場所で、なんで、こんなところに富永一朗記念館があるのかを不思議にも思わず（不思議に思っているのはいまだ）、『ポンコツおやじ』や『チンコロ姐《ねえ》ちゃん』の原画を眺めているうちに、俺は、池袋の「パンセ」にいるときの気持に戻った。

道志川源流の清澄な空気感と、三十年前に、池袋東口の賑わいの中にあったジャズ喫茶の雰囲気が、似ているわけがない。ここには音楽は鳴っていない。となりにすわっているのは自分のかみさんであって、森秀人ではない。

それなのに、夢の中に飛びこむように、俺の気分はパイオニアのＣＳ—２０１スピーカーが、左右だいぶ離れて壁際に置いてある「パンセ」の三階席で、ドルフィーのファイヴ・スポット実況盤第一集「ファイアー・ワルツ」が、中ぬけの音で流れているのを背景に、富永一朗マンガを、ヘーゲル論理学で解こうとしている自分に一致していた。

「パンセ」の記憶は、ジャズの記憶以上に、一九六三年という時点の記憶であること。猥褻書《ワイセツしょ》（※――註＝新宿界隈・ふたたび「汀」にて参照）『赤い風船』事件だ。

この事件で下宿がガサられて、池袋生活はおしまいだ。

そして、俺のドタバタ主義の源泉は、富永一朗マンガだった。

キートン、マルクス三兄弟、チャップリン、植木等、許冠文《きょかんぶん》のドタバタ喜劇は、後の知識であって、知性の低次の段階は二枚目としてあらわれ、より高次なものは三枚目であり、もっとも高次なものは無頼だというテーゼを、俺は富永一朗マンガから発想していた。

二枚目、三枚目、無頼という知性の発展段階説は、ヘーゲル的なものであって、『ポンコツおやじ』をヘーゲルで解明すると提言したことの痕跡である。「富永一朗におけるジャズとギャグ」という論文を、「漫画主義」に発表したのは、一九六八年のことだった。

池袋文士村「ネスパ」

池袋文士村があった。

立教大学がある。

椎名町と東長崎には、画家が多い。

大塚には文人がいる。

山窩《さんか》研究で知られた、三角寛経営の「人生坐」がある。

ストリップ「フランス座」の文芸部員に才人が多い。ジャーナリストが集まる「小山コーヒー寮」、クラシック「琥珀」と「幻想」、シャンソンの「ネスパ」がある。

「ネスパ」は、さらっとしたシャンソン喫茶だった。

この店でムルージの「小さなひなげしのように」を聴いた。女性歌手としばらく思っていた。パタシューやジジ・ジャンメールらと一緒にはいっている、オムニバス盤を買って男と知ったが、チェットの「マイ・ファニー・ヴァレンタイン」と比べてさして驚かなかったのは、フランスには「おとこおんな」が多いんだろうという偏見かな。むしろ「ネスパ」という店名がn'est《ネ》 ce《ス》 pas《パ》?「ね、そうでしょ?」という意味だと教えてもらった昔のほうが、いかにもフランスらしい発想だと思った。「ネ、ソデショ」という日本語の酒場があったら、まずオカマだ。「イズント・イット?」というジャズ喫茶もありそうもない。フランス語の「人徳」かねえ。

俺がいちばん文学的だった町は、じつは池袋である。

高校の文学青年仲間のうち、スタンダーリアンのYは、「ネスパ」でレエモン・ラディゲを語り、政治思想の覚醒がはやかったEは、プロスペル・メリメを語り、与野市のヴァレリーという綽名《あだな》のTはヴァレリーを語ったが、おれはバルザックが好きだ、と口にするのが気はずかしいという繊細趣味の雰囲気があった。オノレ・ド・バルザックは重量級すぎて、シャンソン喫茶の小市民趣味に似つかわしくないという、文学青年の衒《げん》気《き》である。

　Eと俺は、東上線沿線に住んでいた。Yは赤羽に住んでいた。Tは与野市に住んでいた。だからたまり場が池袋だった。たがいに、あまり池袋モンマルトル向きとは言えないね。それから十五年後には、池袋は極真カラテの本部道場の町だ。押忍《オス》。ぴったりであります。

「ネスパ」は、通りからカウンターの見える小さな店だった。他に椅子席がいくつか。外壁はレンガで、全体にこげ茶の色彩を使った地味な店で、ビルの一角ではなかった。あの場所で、独立した一軒店というのは贅沢だろう。コーヒーは苦いだけのフレンチロ

上　ムム、無念。宝もの『ポンコツおやじ』を失くした。
下　シャンソン歌手ムルージ。長らく女性だと思っていた。

ーストなんかじゃなく、ブラジル豆でさらっと淹れていた。

俺の高校時代から、極真の道場にかよっていた一九七〇年代中頃まで、「ネスパ」は、年々どぎつくなっていく池袋の町並の中に、浮きも沈みもせずにあった。

「思索」という名のジャズ喫茶

「ネスパ」のジャズ版が、「パンセ」だったのではないか。

フレンチローストのコーヒーに、甘いクラッカー二枚がつき、グレースのオイルダンプアームG180Sを使ってレコードをかけ、中庸のハイファイ音、パイオニアのCS—201スピーカーで、中音量のジャズを鳴らすこの店は、「思索《パンセ》」という店名によって、「ネスパ」や「フランス座」文芸部コント作家のセンスにつながっていたのだと思う。この町で種さん（種村季弘）に会っていればね。

東上線、西武池袋線、池袋・板橋・十条・赤羽四駅だけの、国鉄赤羽線（現埼京線）のターミナルとして、新宿につぐ乗降客数を有しても、巨大な場末の印象をいま一つぬけられなかった池袋は、戦後急激に発展した。

戦前は隣の大塚のほうが賑わっていた。その前は中仙道最初の宿場町、板橋が繁栄していた。板橋宿が衰退したのは、東北線列車最初の駅にするという計画を、そうすると板橋は汽車が通過するだけで客をとられると、宿場商人が拒んだことに原因があって、池袋に繁栄を奪われたわけではないが、俺が中学の時分、東口駅前はようやく舗装中だった。砂っ埃の中に西武デパートが建っていた。

西口の要町あたりの住人は、自分たちの町を「吹き溜り」と呼んでいた。こんな町に吹き溜って、かつて田端文士村があったように、池袋文士村もあったのだろう。

上野池之端「イトウ」

サムデー・マイ・プリンス・ウィル・カム

上野池之端の「イトウ」がノスタルジックだ。

上野全体ではなく、不忍池に、ノスタルジイをかきたてるものがある。

飾りガラスのはまったほの暗い店内は、戦前の美大生好みのモダン感覚をのこしている。この店でジャズを聴いていると、夜汽車で旅をしているような気持ちになった。

上野は小学校三年時に疎開先から戻ってきて、最初になじんだ東京の盛り場だから、西郷隆盛銅像前の甃《いしだたみ》で、テキヤがゴム動力の羽ばたき飛行機を売っていて、その口上に「レオナルド・ダ・ヴィンチ考案の図面を元に工夫して……云々」とあり、そのテキヤは美大生のアルバイトだったと、いまでも思っており、不忍池でクチボソを釣ったり、弁天島で朝鮮人少年と喧嘩したり、河童が出たと噂があったり、寄席につれてきてもらったり、と記憶はいろいろあるのだが、「イトウ」でジャズを聴くときに、夜汽車に乗っているように感じる既視感《デジャ・ヴュ》のようなものは、さらにもっと古い記憶ではないかと思っている。

上野が、まだ下谷といわれたほうが通りがはやい頃に、裏店で聴く寛永寺の鐘の音とか、小林清親描く白熱灯のともった夜景だ。人力車をとめて、父親をつれ戻しに仙台に行ったことがあるのではないかと思う。母親と一緒に、遊廓の二階らしいところに父親の影を見たイメージがあるのだ。たずねると、父母ともに、お前を連れて仙台に行ったことはないと言った。

真偽は、もうわからない。

「イトウ」で聴いた曲で、消しがたい記憶を残しているものは、マイルスの「サムデー・マイ・プリンス・ウィル・カム」である。ＪＢＬのスピーカーを入れる前、グッドマンのスピーカーを使って、柔らかい音を鳴らしていた時代の老舗である。コルトレーンが一時的に復帰して、とたんにハンク・モブレイのテナーサックスが情けない音で鳴りだした、そのよろよろした影の薄さが、赤ン坊の頃に行ったかもしれない仙台への旅の、上野発の列車の記憶をひきだしたのだろう。

この盤はハンク・モブレイがよろよろ頼りなく、遠くできこえなければならない。自分の装置では、モブレイは帰り新参のコルトレーンにあおられて、自信喪失しているだけだ。

佐久間駿はモブレイびいきで、この盤をかけない。

日暮里「シャルマン」夕焼けだんだん下のだらだら坂

谷根千で聴いたコルトレーン

日暮里に「シャルマン」という店がある。気になる店だが、二度しか行ったことがない。

鰻の寝床のように細長い店に、左右スピーカーの間隔が十分とれないままに、アルテックが並んでいて、コルトレーンがきつい音で鳴っていた。

型番は知らないが、ヴァレンシアの前面から装飾用の組格子をとってしまったような、2ウェイだ。あのスペイン調の組格子は飾りではなく、ディフューザー（拡散器）の役をしているのだろう。

三十年前のことだ。

二度目に行ったのは、小学校同級生のヨーコに誘われて、二階のバーだった。もうジャズ喫茶ではなくなっていたのかもしれない。

日暮里「シャルマン」と、一九六〇年代からジャズ雑誌の広告に出ているのだが、国電日暮里駅の谷中側に出て二、三分。谷中銀座に出る石段を降りきったところに「シャルマン」はあるから、地名的には荒川区西日暮里ではなく、台東区谷中だろう。

あの一帯は、荒川、台東、文京の三区がいり組んだところで、森まゆみ編集の地域誌「谷根千」が出ていらい、谷中、根津、千駄木は、古い東京がいちばん多く残っている地域として脚光を浴びるようになった。

谷中は五重塔があった頃から知っている。露伴の小説で名高い五重塔だ。

焼け落ちた五重塔の土台が残る天王寺の一角の印象は、苔むした石積みか、鉄錆か。

拙著『変態的』の表紙写真に、フランス女の舌に蝿がたかっている絵柄を使おうとしたところ、版権を持っているフランスの雑誌社が、本の内容を教えろと生意気を言った。

ビレッジセンター出版局の中村満が怒った。女なら日本にもいる。いるよな。

事情を話すと尾久の女の子が、私が谷中天王寺の手すりの鉄錆をなめてあげると言った。高橋文子という名のモデルの娘だ。気《き》っ風《ぷ》が気に入った。そのあと彼女は、崖下に国電と京成電車が走る天王寺の崖ッ淵から、尾久、千住方面を眺《なが》めていたという。

昔はここから、火力発電所のお化け煙突が見えた。見る角度によって、二本にも三本にも見えたから（実際は四本）、お化け煙突と言ったのだが、日暮れの里とはよく言ったものだ。ここから荒川方面を見ると、ベラーッとしてなにもないのに、関東原野のさびしさとなつかしさを感じる。

関東人の祖先は、狐かもしれないね。昔のことだよ。今はマンションが立並んだ、平凡な景観に変わった。

谷中銀座、古今亭志ん生、ジゴロ

谷中には菩提寺もあるので、現在でもよく行く。そのたびに「シャルマン」にはいっ

古今亭志ん生！

てみようかと思うが、墓参は昼間、開店は夕刻なので、前を素通りし、狐の懐《ふところ》のような、谷中銀座の雑踏へ足をふみいれる。古今亭志ん生の家がこの近くだった。

谷中銀座の石段を下りて「シャルマン」の前を通りすぎるたびに、ジゴロ、という語を思い出すようになったのは数年前からだ。リュシエンヌ・ドリール「私のジゴロ」のためだ。C'est《セ》 mon《モン》 gigolo《ジゴロ》, charmant《シャルマン》 gigolo《ジゴロ》 と彼女は歌いだす。私のジゴロ、すてきなジゴロ、の意味だ。ジャズ喫茶の店名をフランス語から採る店主ってどんな人物なのだろう、と考えて、あ、女にふられたんだ、きっと……。そんなことを考えたのは不揃いな石段のおかげだよ。

フランス語のジャズ喫茶には、「ムルソー」というのがどこかにあったはずで、カミュ『異邦人』の主人公の名からとったんだろう。「シャルマン」のほうは、いちばん古い東京を残しながら、ハイカラ趣味の文士の住う谷根千一帯の雰囲気と、ふられ男の感傷が合致したような、奇妙な命名の原因を考えているうちに、谷中「シャルマン」と、根津「上海楼」が結びつくのではないかと考えた。

昔、根津に遊廓があったことはあまり知られていない。明治の終りに洲崎に移転した。その根津遊廓の雰囲気を伝えるのが、根津権現と根津小学校に近い「上海楼」だ。現在も、土地っ子の宴席や、受験生宿として使われている。上海とつけられても中国式の建物ではない。しかし玄関先のロビーというのか、談話室というのか、椅子の並んだ様子に、どこか中国の旅館を思わせるものがある。

浮世絵にのこされた、横浜港崎《みよざき》の岩亀楼《がんきろう》異人揚屋図ほどの異国趣味はないにしても、上海楼には、明治期の日本人が、魔都上海にイメージした異国情緒があって、根津遊廓の残像であったということはないか。俺が「シャルマン」と「上海楼」を結んで感じたものは、香港映画「ルージュ」だ。スタンリー・クワンという、ちょっとカマっぽい監督の、アニタ・ムイの女幽霊が現代の香港に化けて出るという作品だった。俺はもう「シャルマン」に行くことはないと思うが、いまの場所にいつまでもあってほしいと願う、ムシのいい散歩者だ。

団子坂、ピアノ、華僑の娘

谷中銀座の石段を下りて、道なりにだらだら商店街を歩くと不忍通りにぶつかる。どの筋をたどっても、道灌山下と団子坂下の間のどこかに出る。団子坂下に出るとヨーコの家がある。俺は幼なじみの彼女を呼びだして世間話をした。「平岡クン、もう一軒つきあわない。南米から来たアルパの名手がいるの」と彼女は言った。

ヨーコの音楽性は知っている。明治末に横浜に来て、最初のピアノ商・周洋琴製作所をやった浙江省鎮海の周家の東京分家で、ピアノ屋の娘だった。こちらが小学唱歌の合唱をやっていたときに、彼女はベートーベンのソナタを弾《ひ》いた。ピアニストを志望し音楽学校に進んだ。小学校の卒業式に別かれ、四十五歳のときに再会した。キセルの仲だ。タダノリじゃないよ。入口と出口は金細工だが、真ン中は竹だ。彼女が武蔵野音大生だった時分のことを知っている旧友は、ファッション・モデルみたいな一団のリーダー格で、ドキッとするほどの美貌だったという。チェッ、惜しいことをした。再会したときは、四児の母で後家だ。

彼女は趣味がいい。音楽も絵画もインテリアも食い物も。江戸芸の造詣はうっかりすると俺以上で、シャンソンを歌わせると、コロラトゥーラ・ソプラノで「愛の讃歌」を歌ったりする。ブラジルの歌姫マイーザの、「ベサメ・ムーチョ」を聴かせたら、お金持ちだけど、孤独で、すごく頽廃している、と言いあてて俺をおどろかせた。なんでピアニストにならなかったのか、ときいた。趣味がいいのは、挫折したからだとおもっている。なにごとも趣味がいいのは、挫折したからだとおもっている。

彼女は中国人だった。結婚して日本籍に変わって、その機会に名も変えたが、それは現在のこと。彼女が、一本立ちのピアニストになろうかどうかというときに、日本国籍でないということが、なにかひっかかったのかもしれない。それ以上はきかないが、「勇気がなかった」という言いかたで理解している。

俺や彼女の世代（一九四〇年前後の生れ）には、芸術家や著述家になるということは、堅気じゃなくなるということだ。社会に出るということは、家業を継ぐということだった。筆屋の吉崎のように、パン屋の別府のように、中華料理屋の中林のように。本郷とか根津というのは、そういう土地がらだ。

もう一つある。

一九六〇年に成人した世代の芸術家は、お上に盾《たて》ついて一人前になる。骨っぽいやつの顔を思い浮かべてみな。反権力闘争やらなくては、クラシック・ピアニストになれないなんてことはないが、纏足《てんそく》の祖母と、人格者として知られた父親という儒教的な縦のものをかかえ、中国を知らない華僑として戦後日本社会に育った彼女が、秩序に反抗してふり切るのは、俺よりもずっと難しかっただろう。

この日本にあって、日本人であることが、どさくさまぎれに俺に有利であり、中国人であったことが、彼女に不利であったことが、たがいの、二十歳代のどこかにあったような気がする。

根津宮永町「軽食&喫茶WAO!」

アルパの響き

「歩いて行きましょう」とヨーコは言った。

不忍通りを歩いても曲がないので、昔の都電停留所名で団子坂下、根津八重垣町、藍染町、宮永町の谷中側の裏道をひろって、宮永町の坂の登り口、言問通りに出る一角まできた。昔、トロリーバスの停車場があったあたりだ。そこの「軽食&喫茶WAO!」という店の扉をおした。

こうして、アルパ奏者トマスに会ったのである。

谷中散策の途中に寄ったらしい男女を前に、トマスは「薔薇色の人生《ラヴィ・アン・ローズ》」を演奏していた。ヨーコは、トマスと顔見知りのようだった。私もピアノを弾く、くらいの会話は交していたかもしれない。ユパンキを弾けるか、と俺は奏者にたずねた。スペイン語は出来ないが、曲名をスペイン語で知っていたので、「牛車にゆられて《ロス・エーヘス・デ・ミ・カレータ》」と「ツクマンの月《ルナ・トゥクマーナ》」と口にすると、うなずいて彼は弾きはじめた。

皓々《こうこう》と輝くツクマン地方の月光の下で、わが友牧童《ガウチョ》とめぐりあう草原の男の気持ちが、手にとるようにわかり、音色もぶあつくなり、中田夫妻というその店のオーナーも出てきて、話に加わった。

名前はトマス・リカルド・ゴンザレス。四十歳のアルゼンチン人。インディオとイタリー系の混血である。出身地はアルゼンチン、ブラジル、パラグアイの国境を接するイグアスの滝の町、ミッショネーラである。

店の主人が、日本語でそんなふうに説明するのを聞きながら、トマスは問わず語りのように曲を弾いてくれる。「滝《カスケード》」という曲だった。インディアン・ハープとも称される小型のハープ、アルパはこんなうめくような音と、上空にかかる虹のような音を、和音で出せるのか。

「ミッショネーラ」という町の名に記憶がある。映画「ミッション」にあった。新大陸に布教に来た宣教師が、本来的に天使のようなインディオに神を説くことの意味に悩むという、ラス・カサス『インディアスの破壊についての簡潔な報告』を思わせる作品だった。

曲名を言うだけでなんとか会話が通じているトマス、ヨーコ、俺の三人に、とてもそんな抽象的な内容を伝えることはできないが、「滝《カスケード》」という曲に、ブラジルの歌姫ガル・コスタが歌った、「インディア」という曲に通いあうものを感じたので、うろおぼえのメロディを口ずさんでみると、トマスが、この曲か、という風に応じてくれた。そうだ。すると彼はすわり直して、「インディア」を弾きはじめた。「インディア」はパラグアイの国歌だった。

〽インディア、トゥピ族の血、
君には花の香りがある。
おいで、君にあげたい、
わたしの大きな愛のすべてを。(谷川越二訳)

まあむこうも驚いただろう。パラグアイ国歌を知っている日本人にぶつかるなんて。

根津、コロッケ、東大生

空気が変った。居合わせた者は九人、「薔薇色の人生」を聴いていた恋人たち、あとからコーヒーを飲みにきた地元の老夫婦、ヨーコと俺、オーナーの中田夫妻、トマス自身で、その夜、一九九五年十二月十六日、予期せぬミニ・コンサートみたいになった根津宮永町「WAO!」で演奏されたのは、次の十二曲である。

1イエスタデイ、2薔薇色の人生、3ツクマンの月、4牛車にゆられて、5カスケード（滝）、6インディア、7ベサメ・ムーチョ、8緑色の瞳、9アランフェス協奏曲第二楽章アダージオ、10モーツァルト四十番交響曲、11クラベル通り、12コンドルは翔んでゆく（二回）。

あまりその場の雰囲気がすばらしいので、だれも席を立てなくなったのだ。店の主人の中田さんは、アルゼンチンで水産関係の貿易会社をやっている。トマスは、この年の十一月の国際ハープコンサートに参加するために、東京に来たのだが、遅れてしまい、あちらで知りあった中田さんをたよって、特別音楽向きに作られたのでもない根津宮永町の、ピザと紅茶の店「WAO！」で演奏することになった。そんなことができるのも、古い東京の於母影《おもかげ》を残した、根津という土地の奥の深さだ。

「WAO！」の前身は、コロッケ屋さんだったという。そんな記憶があったような気もするが、それは言われてみればという程度だが、本郷や根津で聴くと、「コロッケ」という語感はハイカラな響きがあるものだ。

〽今日もコロッケ、明日もコロッケ、これじゃ年がら年中コロッケ、コロッケ……という流行歌は、三井財閥の男爵益田太郎冠者の作である。東大生が坂を下って、下町の根津へコロッケを買いにくる図も浮かぶ。根津宮永町の坂は、反対側に上がれば東大の横だ。

十一曲目の「クラベル通り」というのは、中田さんの貿易会社のあるブエノスアイレスの通りの名で、「WAO!」主人の作曲である。いい曲だ。ポルトガル・ファドの「カペロン通り（坊さん通り）」くらいいくかもしれない。中田夫妻はヨーコとは旧知の間柄《あいだがら》だときいたから、俺とも同じ汐見小学校の出身かもしれないが、ききそこねた。

トマス、「コンドルは翔んでゆく」、岡本文弥の葬儀

曲目がはっきりしているのは、ラテン曲は彼女より俺の方が詳しく、その場で書き出してやった紙が残っているからだ。

「こんなすばらしい音楽家を放っといていいのかしら」とヨーコは言った。

「私、友人に電話してみるわ」と言って店を出た。しばらくして戻ってくると、「松原ルリ子さんの店をかりられそうよ。二十一日なら、彼女、ステージをゆずれそうだって。トマスの小さなコンサートをやるわ。明日、正式な返事をもらえる。平岡クン、協力して」

無茶言うなよ。今日は十六日。暮れのクソ忙しいときに、五日後に六本木のシャンソン・クラブで飛びこみコンサートをやろうなんて、無茶だが、俺は無茶は好きだ。今日の夕刻、会ったばかりの中田氏も、その話ならよろこんでトマスを出そうと言った。

司会は俺がやる。宣伝期間がないから口コミだ。「プログラムは今日聞いたものでど

う？　さっき、私にメモしてくれたものをまとめて下さる？」。ヨーコがはじめてみせた積極性だった。活発な女だが、勝負どころで一歩引くという遠慮の構えがあるように感じていたのが、このときはちがった。

トマスの「コンドルは翔んでゆく」二度目の演奏がはじまったのは、四人が「やろう！」と意見一致したときだ。コンドルが高く舞った。悠々と羽搏《はばた》いた。奏者のよろこびをあらわしていた。

六本木の松原ルリ子の店、「ニューピエロ」での小コンサートは成功した。松原ルリ子は自分のステージをトマスにゆずってくれたうえ、主人側の答礼として、「ラ・ボエーム」（アズナブールの。若く貧しかった日の画家とモデルの回想）とあと一曲、歌った。

明けて一九九六年二月、ビザが切れてトマスが帰国した。「ＷＡＯ！」で内輪のお別れ演奏会が開かれた。近所のこどもたちが描いた何枚かのトマスの似顔絵を贈った。彼の人柄と音楽は短期間の滞在でこどもたちの間にしみこんでいた。トマスは泣いた。

この二月末の「ＷＡＯ！」の一夕《いっせき》、俺は自分の本郷は終わったと感じている。不幸にして予感は的中している。新内岡本文弥《しんないおかもとぶんや》の葬儀の帰り、現代音楽作曲家ルベ・エマニュエル、懐刀《ふところがたな》ともたのむ友の向井徹と、谷中の坂を下って宮永町の「ＷＡＯ！」をのぞいてみると、店はなくなっていた。

中田氏は死去したという。ヨーコと会うことももうないだろう。

白山下「映画館」

マシュマロ・レーベルのチェット・ベイカー

コースをすこし変えてみよう。

日暮里駅からだと、谷中銀座の石段を下りずに、石屋の通りを左折して、朝倉彫塑館の黒い建物の前をとおって、なまこ塀使って歌舞伎の書き割りみたいになって、いくらなんでもこれはやりすぎの谷中小学校前の三崎坂を下って、不忍通りに出て、団子坂を上って、鷗外観潮楼を過ぎて駒込中学前を通過して、大観音の前も通り過ぎて、本郷台を横切って白山に出て、ここまでくるとちょっとくたびれるが、もうすこしの辛抱だ、白山通りにぶつかって、そこからふたたび指ヶ谷に下る旧中山道の坂の途中、白山神社入口に「映画館」というジャズ喫茶がある。

古い古い映画ポスターと映写機、蛇腹式カメラなんかを並べ、真空管アンプとオイルダンプ・アームでLPを再生している、ジャズのアンティーク喫茶ということになるだろう。

ウッドホーンから出る音はなめらかでいい。店は七〇年代の中頃にできたというから四半世紀になる。女性記者が取材に来ていた。話しかけられるとめんどうなので、この店の数々の珍品に興味がないふりをして、記者の質問を耳に入れていたが、おしいね、質問がちょっと的はずれだよ。

マシュマロ・レーベルのチェット・ベイカーがかかった。横浜溝口商店街の洋服店店主で、ジャズファンの上不三雄《じょうふみつお》がやっている「世界一小さなレコード会社」を、「マシュマロ・レコード」といい、ヨーロッパ・ジャズを中心に渋いのを出しているが、ウッドホーンのなめらかな音でチェットのボーカルを聴いてみたかったから、チェットはあるかと店主にきいてみると、マシュマロ・レコードをかけたというのは「映画館」もなかなかのものだ。

チェットの歌声を聴いて、その女性ライターの顔に「おカマかしら？」という表情が浮かべば、まともな感受性だが、反応がないところをみると、言われたとおりの取材をしていたにすぎなかったのだろう。

そうそう、レーベル名の「マシュマロ」というのは、テナー奏者ウォーン・マーシュにちなむ。よかった、マシュマロとか牛皮とか、口のなかでホニョホニョするのは俺は苦手だ。

そんなこんな、「映画館」という白山の店にはもっと足を運んでもいいはずなのだが、行ったのはそれ一回きりだ。俺は「映画館」の近くにある、自分の出た中学と高校、京華が嫌いなのだ。

ベートーベンと幻の喫茶店

あれは夢で見たのか、歪んだ記憶なのか、このあたりに薄べったい喫茶店がなかったか。狭いのではなく薄べったいのだ。家庭用の電蓄で「田園」がかかっている。ベートーベンの。きな粉のようなコーヒーが出る。それだけだ。

ことによると俺は戦争中、三つか四つの歳に、親といっしょに喫茶店というものにはいったのかもしれない。白山上交差点のところから、斜めに駒込動坂に行く細い道がある。とりのこされたような小道だ。戦前は賑わった道だったそうだ。矢場（射的場）もある、ちょっとした盛り場だったと父親が言っていた。

空襲で焼けだされる前、動坂上の駒込病院前に住んでいたから、そこからだといくぶん距離はあるが、白山に向かう忘れられた盛り場に、その薄べったい喫茶店があって、両親の散歩がてらに行ったのかもしれない。

「映画館」を出た足で、その小路にはいりこんでみると、ここだったかな、と立ち止った古い洋食屋があった。五十年前には、さぞモダーンだったろうと感じさせる古い店だ。そんな店があるもんだよ。横浜本牧Dアベニューの門間バス停前の「本牧食堂」とか、神田猿楽町教会近くの洋食屋で、金石範《キムソクポム》、金時鐘《キムシジョン》、梁石日《ヤンソギル》の「済州島《チェジュ》蜂起事件」講演開始を待つ間に、向井徹とはいってカレーライスを食った店なんかが、五十年前にはさぞやモダンな店だったろう、と感じさせる風格がある。

店のそういう風格というのは、非合法時代の共産党員がモダニストを装ってレポを交換した、といった記憶がしみついているからというのが、俺の説明だが、当っているとあんたが感じれば、それでいい。

そんなところだな。

白山のモダンジャズ喫茶「映画館」のアンティーク趣味が、記憶の泡の一つを割ったのだろう。

深川門前仲町「タカノ」

江戸前アルテック・ランシング

江戸・東京散歩のついでに、門仲まで足をのばしてみよう。

深川門前仲町「タカノ」のアルテックの音とともに、ジャズの江戸化は深まる。

深川不動門前の小径、エクステリアがわりに、真赤なミニクーパーを停めているイタリア料理屋の辻、角の床屋の階上に「タカノ」はあった。

理容室の入った建物は「タカノ」のお内儀《かみ》の持ちもので、その階上に、好きでジャズ喫茶をやっているマスターは、文字通り髪結の亭主。

「タカノ」のアルテック・スピーカーの音は、ジャズファンの間で評判だった。マッキントッシュのKT—88出力管アンプMC—275で駆動するその装置は、ハードバップ・ジャズを音〆《ねじめ》よく鳴らし、アルテックで鳴らすハードバップは、なるほど江戸前のジャズだ、と感嘆した。

ない、とあきらめていたマル・ウォルドロン伴奏のビリー・ホリデイを聴いたのが、この店だ。その盤「アト・モンタレー一九五八／ビリー・ホリデイ」を聴いたのは、ざっと一雨来て、雨宿りをかねて飛びこんだ、夏の午後だった。

門前仲町のジャズ喫茶。

音〆《ねじめ》のいいアルテック・ランシング。

川柳や俳句の、連的なジャズの通人たち。

寄席芸みたいに、折目正しいハードバップ。

髪結の亭主的経営……と下町の要素をつらねて、この店は、ようやくにして永久革命論と、江戸趣味のおりあいがつきはじめた俺を、楽しませた。

「タカノ」だから、亭主の名も高野さんというのだろう、漫画家・馬場のぼると、ラリードライバー山内伸弥を、足して二で割ったような顔立ちの人物とは、たがいに好感をもっていたのに、というのは横浜にまだ二軒、一九八〇年代にはいっても、ウールリッツアーのジュークボックスを使っている店があって、「タカノ」にも、それよりももっと古い機械があって、修理中なのを見て、ジュークボックスの想い出を書いた拙文《せつぶん》の載《の》った雑誌をさし上げたら、その場で読んで「いい文章ですね」と言ったことばに、好意を感じたことがあるからだが、江戸の話をしたことは一度もないままに、彼は、ジャズを好きな江戸ッ子の典型だったと思っている。

江戸人の支那趣味、明治のハイカラ趣味の延長に、門前仲町のモダンジャズがくる。夏、「七月は気が滅入ります。ビリー・ホリデイとコルトレーンの祥月命日《しょうつきめいにち》です」と彼は言った。「タカノ」のマスターの姓は「高野」だろうと思ったのは、この時だった。祥月命日のという語の仏教くささが、高野聖という語を連想させた。

その翌年の盂蘭盆の夜中、俺は横浜と東京をドライブした。

盆休みで帰郷する者が多く、横浜三百五十万、東京千百万の巨大都市が、死んだ町のようになる。

第二国道を通って五反田へ、白金台、三田、新橋、日本橋とたどって深川へ。門前仲町へ出たので「タカノ」の前を通ってみようと路地へはいり込むと、一方通行で道に迷ったが、いいかげんにまわるうち、店の前に出た。

「しばらく休みます」という貼り紙が出ていた。

おやじ、死ぬんじゃないか、と思った。彼が病気だったことは知らない。貼り紙の感じから、そう直感しただけだった。

九月、ジャーナリスト専門学校の授業が始まって、講師仲間の毎日新聞記者上がりの人物から、「タカノ」のマスターの死と、富岡八幡宮や深川不動の氏子の会にもはいっていなくて、葬儀委員長になり手がなく、自分が引き受けたのだという話をきいた。

ジャズは、葬式にも似合う音楽だ。

げんにこの回想を、三軒の葬儀社にかこまれた「ミントンハウス」で俺は行っている。

法事があって、蟬の羽根のように薄い、絽《ろ》の喪服姿の老婦人がたたずんでいる夏の夕景が、ジャズに似合うのは不思議ではない。

フィルムの回転を、もっと前へ戻そう。

高田馬場・早稲田界隈

高田馬場「あらえびす」

「死刑台のエレベーター」と美人モジ

最初に買ったマイルスのレコードは、「死刑台のエレベーター」サントラ盤だ。B面が、ブレイキーの「殺《や》られる」。それをかけたのが、高田馬場の名曲喫茶「あらえびす」だ。

夜十一時を過ぎて、俺が最後の客で、持っていたレコードを、モジが、かけましょうかと言ってかけてくれた。美人でな、モジリアニ描く首の長い女そっくりだから「モジ」と呼ばれていた。

彼女のことを回想した、演劇科学生のエッセイもある。

「モジリアニの絵に出てくるクビを傾げたモデルに、うりふたつの女性が、コーヒーを配っていた。彼女の楚々とした雰囲気が、その店の制服でもある黒いセーターと黒いタイト・スカートに溶け込み、僕を含めて〝モジリアニ〟のファンが多かった。」（安堂礼「安保派世代の意識」、河出書房新社『わが世代・昭和十六年生まれ』）

「あらえびす」で、マイルスが流れたなんて言うと、うそだと言う者は嫉《や》いている。モジは、俺には気持はゆるした。肉体はゆるさなかったがね。人妻だったのだ。

これが一九六一年だ。この年俺は二十歳。正月、ジャズ・メッセンジャーズが来た。モダンジャズ・ブームが一挙に来て、その後だった。

「あらえびす」の二階には、野村胡堂がいたのではないか……。

あらえびすとは、銭形平次の作家がクラシック音楽を論じるときのペンネームで、彼は晩年盲い、蒐めた一万枚のSP盤を、都に寄贈したのち、隠遁者に近い生活をした。

最晩年の野村胡堂のことはわからない。この二階にいるのではないかと思ったことがある。

上　「あらえびす」で流れた、「死刑台のエレベーター」の現物。

下　『わが世代』シリーズは、他に昭和13、22、6、31、大正10、昭和11、4がこの順で出ている。

戸塚二丁目交差点から、国電高田馬場駅にだらだら下ってくると、左側に「早稲田松竹」があって、その先の果物屋と、トンカツ屋のあいだの路地に入って二軒目、楝木を漆喰でかためた北欧風の二階建てが、クラシック喫茶「あらえびす」だ。

一階と半地下と、地下と中二階があり、そのすべてが、太い木製の手すりで区切っただけという複雑な作りだった。だからこの店に屋根裏部屋があるということは気づくまい。洗面所の上に斜めの空間があって、これが階段の裏側だと気づくくらいだ。

二階には、モジが「店の制服でもある黒いセーターと黒いタイト・スカート」に着替える部屋があるのだが、だれもあがったことはないし、そこに、住う人の気配を感じたこともない。

この店のオーナーは、「奥方」と呼ばれる銀髪の女性だった。「奥方」は、ここから高田馬場駅に二百メートルほど行った右側の、「ユタ」という喫茶店のオーナーでもあったが、「ユタ」で「奥方」を見かけたのは何回もあるが、「あらえびす」で会ったことはない。

奇妙なコーヒー屋の名前じゃないか。Utahという英語のつづりも出ていたように思う。

とするとユタ州だろう。戦時中、トパーズに、日系人収容所のあった州だが、「ユタ」というコーヒー屋の名前は、なにか日米間の、暗い記録に関係したものなのかどうか。

「あらえびす」は、俺の通った最後の名曲喫茶になった。二階には、盲いた野村胡堂がいたかもしれないという謎を一つのこしたまま、ワルツを踊って、高田馬場のこの名曲喫茶と別れよう。

高田馬場「イントロ」

雑居房、右翼青年、「真夏の夜のジャズ」

「あらえびす」がなくなったころ、「イントロ」ができたような印象がある。「ユタ」からもうすこし駅よりのビルの地下にあって、地下に下りて行く感じが、新宿二幸裏「DIG」の、消防法不適格階段を上ってゆくときに似た感じがあり、「DIG」が地下へひっくり返ったようなところがあって、ここは馬場へ出たときに、俺が立寄る店になるのかと思ったが、何回目かに行ったときテレビが映っていたので、それっきりになった。

ＪＢＬスピーカーにはさまれて、大型テレビにジャズ・ビデオが映っていた。

テープにしろ、LD《レーザーディスク》にしろ、映像つきジャズ演奏というのはちっとも面白くない。映像が邪魔をする。

いつごろから、こんなつまらんものが売られるようになったのだろう。ロックのプロモーション・ビデオの影響だろうが、プロモーション・ビデオは、ビートルズ映画「イエロー・サブマリン」の映像の模倣だろう。ビートルズ映画はディズニー映画の再現、ディズニー映画は、超現実主義《シュール・レアリズム》絵画の手法を動画で再現したものだろう。系統樹はそんなものだと思う。

ところで、留置場でいちばん性的妄想を刺激するものは音だ。

二番目に絵だ。

三番目に活字だ。

ヌード写真は「実用」性は高いが、自己完結的でいちばん無害だ。——看守殿の説く如く、留置場では音がもっとも性的妄想を刺激するものなら、ジャズ演奏に映像をつけてしまうことは、ジャズから想像力を奪う白人の陰謀である。

「赤い風船」事件でくらいこんだ戸塚署が、雑居房だったから、そんな知識を得たのである。同房者に、田中清玄（※——註＝戦前共産党の委員長で戦後転向。昭和三十八年「東声会」員にピストルで撃たれた）狙撃者の一人だった右翼青年と、清公《せいこう》という白痴の青年がいて、彼は朝方、「看守さん、シボ」と言って紐をねだり、勃起した男根の根本を紐で縛《しば》る。

怒張している間、彼は自我がしっかりしている。生活能力のないその青年をサカナに看守が話したことが、性的妄想をいちばんかきたてるのは、音であるということだった。

音と映像の結合が成功したアメリカの二例は、ディズニー映画「ファンタジア」と、一九五八年ニューポートジャズ祭記録「真夏の夜のジャズ」だ。

「ファンタジア」はストコフスキー指揮する、フィラデルフィア管弦楽団の演奏を動画化したもので、中学校の課外授業で観にいったときの古い記憶によれば、最初、スクリーンの中央に縦一本の光る線が出る。チェロかなにかの音がはいる。すると線が震え、音の高低によって振幅が変り、線の色が変った。「ファンタジア」は総天然色だった。

光る線の震えは、奇術師フーディニが見せる手品のようだった。いまおもえば音を線あるいは弦の振動であらわすのはピタゴラス学派の音響理論、一定張力の弦のまんなかの位置をおさえてはじいて出る音の高さは、開放弦の一オクターヴ上であるといった実験を映像化したものだったのだが、総天然色動画などというものは、「バンビ」や「白雪姫」でしか知らなかった当時の中学生には奇術に見えた。

ポール・デュカ「魔法使いとその弟子」は、魔法をかけられたほうきやちりとりが、自分で動いて掃除をする。ストラビンスキー「春の祭典」では、火山が噴火する大地を暴君竜《ティラノザウルス》の大群が行く。最後が「アヴェ・マリア」で水に映る灯影が蛍《ほたる》のように銀幕一ぱいに拡がった。

「ファンタジア」の成功は音を絵で、解説するのではなく、想像力を解放したからだ。「真夏の夜のジャズ」はジャズ祭を記録する楽しみがあった。モンク「ブルーモンク」と帆走するヨットを重ねるシーンは、ジャズが地下室から陽光の中に出たよろこびを伝える映像感覚だと、俺が言ったんじゃなくて、だれかがうまく言いあてた。そして「真夏の夜のジャズ」の最終ステージは、マヘリア・ジャクソンの歌うゴスペル「主の祈り」で、これは「ファンタジア」がシューベルトの「アヴェ・マリア」で終るのと同じである。

ヌーヴェルバーグ、第一次大戦フィルム、三一運動

これ以後、アメリカはジャズ映像の新機軸を出していない。フランスのヌーヴェルバーグ（※——註＝映画界の「新しい波」派）がやった。ルイ・マル「死刑台のエレベーター」によるマイルスの起用、モリナロ「殺《や》られる」のジャズ・メッセンジャーズ、ロジェ・ヴァディム「大運河」のＭＪＱなどだ。

しかし、フランス・ヌーヴェルバーグ映画とモダンジャズの蜜月は、成果のすばらしさにかかわらず意外に短い。ヌーヴェルバーグそのものが五年間ほどの運動だったのだ。ヌーヴェルバーグとは、アルジェリア民族解放闘争を鎮圧しようとする、フランス軍部および植民地軍による右翼クーデターの危機感を背負って作られた、左翼映画である。

ヌーヴェルバーグ映画の成功を技法的にとりいれて、モダンジャズと映像の結合を試みたアメリカの独立派《インディーズ》映像作家は失敗する。オーネットの「チャパカ組曲」も、ロリンズの「アルフィー」も映画音楽ではない。アメリカの映像作家たちはジャズを使えなかった。市販されているレコードは映画のために書かれ、あるいは演奏された素材をもとに、あらためてスタジオで吹込み直されたものである。カット割りし編集することが「思考」である映像美学は、ジャズの怒濤《どとう》のアドリブの前に降参してしまうのである。

俺は映像を嫌いなのではない。自分の基準がある。

第一次大戦期のニュース・フィルムが面白い。不機嫌そうに黙りこむストライキ労働者、指導者の演説、街頭へ出る群集、戦場、塹壕の待機、塹壕を乗りこえてくる原始タンク、複葉機の空中戦、マジノ線の地図、Uボートの出撃シーン、沈む商船、砲弾ショックで四肢硬直する兵士、兵器生産、続々前線へ送られる兵器、眉を細く描き裾長ドレスを着て猛スピードでダンスする社交界令嬢(コマ落しだから)、革命、敵国兵士との前線での交歓、ハンチングを冠《かぶ》って演説するレーニン、革命勝利、群集を蹴散らす騎馬警官あるいはコサック、装甲車と宣伝ビラ、軍隊列車、列車砲、どれもモノクロのコマ落し。

眼の前でバタバタ死ぬ兵士たちや、炸裂する砲弾を動いたまま記録できるという、いわば物を写す機械の本能が、よろこびに満ちてうなりをあげているような映像だ。

まず写す。考えない。あるから撮《うつ》す。

家族の写真が面白い。家族の写真はその家族にだけ面白いはずだが、家族アルバムから剝がしてきたような一葉の写真が、とんでもない物語を告げることがある。

朝鮮の三一独立運動は、朝鮮人女学生を日本の男がからかったことからはじまった。その女学生の写真を見たことがある。家族だったか、友人だったかにかこまれて微笑している、なんでもないスナップ写真だった。平凡な女学生の写真。ここから民族抵抗運動が開始された。

バド・パウエル「シーン・チェンジス」のジャケット写真は、ピアノを弾くバドのわきにつぶらな瞳の少年が写っていて、これはバドのこどもである。「クレオパトラの夢」ではじまる盤だ。六〇年代のジャズ喫茶で軒並みかかっていたこの盤が、少年がバドの息子と知ると、別のように聴こえると言ったのは佐久間駿だ。バドの晩年には、父が子にピアノで語って聞かせる幸福な日もあったと。

ニューポートジャズ祭、リオ謝肉祭、マグナム写真展

のぞきカメラが面白い。

「DIG」で中平穂積が撮影してきた、ニューポートジャズ祭の8ミリ上映会があった。ビデオではなく8ミリだ。彼は日大写真科の出身だ。あの学校は優秀なプロカメラマンを出す。壁にスクリーンをかけて映写したのだと思うが、前に立って店主が短い解説を加えたのをおぼえている。

フレディ・ハバードの演奏が印象的だった。ラッパに口をあてるフレディの首が、尺八演奏の首振りより細かに動くのである。何分かつづいたが、異様だった。ジャズマンというのが、異様な集中力をもった種族であることがわかる映像だった。

そのころテレビCMでは、フジカシングル8という8ミリ撮影機の宣伝に、女優扇千景、いまの参議院議長（二〇〇七年退任）が起用されて、ジー、パチ、あたしにも写せます、というCMが流れていた。ならば次のCM起用は足立正生だぞ、やつがブラウン管に登場して、ジー、パチ、アダチにも写せます、と言うぜきっと、なんて冗談があった。足立作品の難解さはその頃も有名だった。中平穂積のジャズ祭8ミリ記録上映会は、それと地続きで俺の印象にのこっているのである。

ジャズはそれ一度切りだったが、横浜野毛の郷土料理屋「浜幸」のテレビで、この店に拠点を置くエスコーラ・ジ・サンバ・サウージの面々が、リオの謝肉祭へ行って撮ってきたビデオが流れる。馬刺し、ヌタ、球磨焼酎なんて品書きが下がっている郷土料理屋の大型テレビに流れる、アマチュア撮影のリオ謝肉祭の実況ビデオがひじょうにへんだ。

これらは態度も方法も、プロモーション・ビデオとはちがう。俺が「あらえびす」でクラシック音楽に耽溺していた時代は、自分なりに映像感覚がシャープだった。一つは、デモや集会のたびに私服刑事に撮られる現場写真がある。二つは、ヌーヴェルバーグ映画と、高島屋で開かれたマグナム写真展の話題だ。キャパやブレッソンの。ロバート・キャパ自伝『ちょっとピンぼけ』も読まれていた。その証拠が俺の杉田誠一、間章への論難文のタイトル「キリッとピンボケ」だ。

そうした映像論の興味と論争が、森山大道の砂漠にころがる白骨を写した写真と、ゲバ棒の先にカメラをとりつけたのではないかと噂された中平卓馬のボケブレ写真、電通カメラマン荒木経惟のミニコピーばらまき、あんなことをやればクビになるさ、大島渚や足立正生の風景論映画（大島のは「東京战争《せんそう》戦後秘話」、足立のは「略称連続射殺魔」）への評価と論争につながっていくのである。

風景とは、流浪するプロレタリアートが見る鉄とコンクリだ。松田政男の卓抜な定義だった。激烈な風景論論争の後で、高田馬場のジャズ喫茶で、ジャズの演奏ビデオ商品を見せられてはやる気がうせる。

「あらえびす」の営業時間外に、マイルス「死刑台のエレベーター」のサントラ盤が流れた時点に戻ろう。

いきなり、モダンジャズ時代の幕があけた日本の六〇年代に、トランペットのナンバー1はマイルスだった。マイルス・ファンとサッチモ・ファンは別の種族だった。のち、来日したガレスピーが、日本でのマイルス人気の高さにショックを受けた。そのマイルスよりいいトランペッターがいる、その男をクリフォード・ブラウンというのだという「町の噂」を耳にしたのも、その頃だった。ジェームズ・ディーンと同じ年に、自動車事故で、ハリウッド俳優みたいな死に方をした天才らしい。二人の死はともに一九五五年。

高田馬場「マイルストーン」

大理石のスピーカー、Dデイ、ジョン・ルイス

「マイルストーン」という店がある。

曲名でもあり、里程標の意味もあり、近くに「安兵衛」という居酒屋もあったから、決闘に駆《か》けつける中山安兵衛が、身体に威勢をつけるために、駆けつけ三杯の酒をあおった息つぎの場所といった意味もかけているのかどうか、かつて草ぼうぼうの武蔵野の一角だった馬場に、お地蔵さんみたいな「マイルストーン」という店名は似合う。

昔、このあたりに「可悦」というつれこみ宿があった。つれこみ宿に「可悦」という

名は似合う。

「マイルストーン」のスピーカーボックスは、大理石製だったことを自慢していた。ムクではない。木箱に大理石板を貼りつけたものだ。スピーカーユニットはJBLのホーン型3ウェイだった。これこれ石のお地蔵さん、石《ストーン》の箱にJBLだから表情は硬い。のち店内改装にともなってJBL「オリンパス」に変えて、音はずいぶんよくなった。

この店に、ジャナ専の講義を終えてからよく行った。「イントロ」ではなく、「マイルストーン」が高田馬場で自分がよく行く店になった。八年間ジャーナリスト専門学校で講義をしたから、ここでジャズを聴いた回数はけっこうな数になるのだが、その時期の高田馬場でのジャズの発見はMJQの「ジャンゴ」一回しかなかった。

俺は初演の「ジャンゴ」を持っていなかった。「ピラミッド」やヨーロッパ・コンサート盤に同曲がはいっているから、初演盤を必要としなかったのだが、Djangoという文字だけが五段にわたって印刷されているオリジナル盤ジャケットを見ると、最初の段は文字が藤色で薄く、しだいに濃くなり、最下段の五段目がナス紺である。

これを見て思った。「ジャンゴ」の演奏は、古いものほど黒いのではないか。聴いてみるとそのとおりだった。一九五三年夏の初演はテンポが遅く、音色が濃い。

ジョン・ルイスは、ノルマンディ上陸作戦に通信兵として参戦している。ということは、ドイツ軍の暗号やフランス地下抵抗運動のアングラ放送に聴き耳をたてている。ということは、もっぱら対独抵抗運動の放送局のために演奏されたジャンゴ・ラインハルトのジャズを、上陸作戦開始の日（Dデイ）を待機しながら軍艦の中でジョン・ルイスは聴いただろう。「ダフネ」「雲《ヌアージュ》」「月の光」「マイナースイング」などを。洋上待機一週間だ。慎重なアイクの性格から、守る側のロンメル軍をにらんですぐにはしかけなかった。

ジョン・ルイスがヨーロッパ文化に憧れを持ち、バッハを尊敬し、バロックに傾倒してＭＪＱの室内楽的ジャズをはじめたことは知られているが、ピアノ・トリオ＋ヴァイブというジャズコンボにはめずらしい、その楽器編成は、バロック室内楽よりもギター二挺、ベース、ドラムス、クラリネットというジャンゴ・ラインハルト五重奏団の音色に影響されたのだろう。

ＭＪＱ「ジャンゴ」という曲は、フランス地下放送からヴェルレーヌの詩が暗号として流れ、ジャンゴの演奏が流れるという、一九四四年六月六日ノルマンディ上陸をひかえた緊張と静寂の中で、海上に停泊した船舶の無線機でジョン・ルイスが聴いた、ジプシー・ジャズの九年後の再現ではなかったか。

一九六九年10・21雨の国際反戦デー

高田馬場で、臆病風に吹かれた話を逃げては、ジョン・ルイスのＤデイ、ノルマンディ上陸作戦を語る資格もあるまい。

日付ははっきりしている。一九六九年十月二十一日、雨の国際反戦デーだ。労働争議でテック（谷川雁（※──註＝左翼詩人）が重役を務めた語学教材会社）をクビになって一年、原稿書きで食えるようになって、「ジャズ批評」のために長尺の論「ジャズにとって日本六〇年代思想はなにか」を書きあげて、新原町田の自宅から小田急線で新宿に着いた。西口で反戦デモを見物した。

六八年の新宿騒乱は、デモ隊と野次馬の圧勝で、奪った機動隊の盾をサカナに酒盛りして、一九六八年こそ、国際的にも左翼攻勢のピークとお祭り騒ぎをしていられたが、六九年には逆転した。

機動隊が駅を封鎖して、デモ隊を押し返すという作戦をとった。線路の砂利石をデモ隊におさえられないようにだ。デモ隊の小突撃は、ことごとくはね返された。

夜九時、着色液を撒き、騒乱罪適用を臭わせた。衣服に着色液のついている者は、騒乱参加者と見なして現行犯逮捕できる。

持っている原稿が急にこわくなった。これを印刷前にサツに読ませるわけにはいかない。俺は現場を離脱した。

電車は停まっていた。暗い道を選んで高田馬場まで歩き、戸塚小学校の裏手のあたりにあったマンションの、「ジャズ批評」編集室に原稿を届けた。

原稿とデモの両方などあまい。臆病風に吹かれた者は、風が止むまで信頼する勿《なか》れ。松坂比呂さんにゆで玉子とチョコレートをもらった。帰路、西武新宿線高田馬場駅の一角が、火炎瓶で焼けこげているのを見てゾッとした。新宿より高田馬場の方が険悪だったのだ。ゾッとして、流れ弾《ダマ》丸でもくらうとしたら、臆病風に吹かれている、こんな時なのだと肝に銘じた。

その稿が掲載された「ジャズ批評」七号は、一九七〇年一月発行。

早稲田界隈めぐり

ジャズ研、劇研、ハイソ、犯罪者同盟

ミンガスは、ワセダ安部球場裏のジャズ研や、演劇の連中が屯《たむろ》した、「クレバス」というふつうの喫茶店と、その近く、戸塚二丁目五叉路角《ごさろかど》にあった「もず」という店で聴くと、「ミンガス実験室」のワークショップたる雰囲気が伝わった。

少人数をもって、エリントン楽団を髣髴《ほうふつ》させるミンガスの実験精神が、ジャズ研や、演劇関係の部室の延長のような喫茶店の、ボロだが、やる気満々の空気感にはまっていた。少人数で、エリントン楽団みたいなことをやるというのは、ようするに貧乏ということだ。貧乏の存在感は鋭いということだ。

喫茶店「クレバス」があって、マージャン屋があって、飯屋があって、学徒援護会の窓口があって、もうちょい行くと早稲田西門（裏門）にぶつかるガレ地に、いろんなサークルが雑居している、でかいだけのボロ舎があった。

「ハイソ」と、「劇研」と、少林寺拳法同好会なんかが雑居していた。楽団ハイソとジャズ研は、同じグループの演奏部と鑑賞部だったはずだ。

「はれんちカンカン」（平岡立案のダダ劇）稽古中だから、一九六三年春だ。

犯罪者同盟はハイソの連中と組んだ。タマキというピアニスト、アメリカから帰国したばかりの、ヨシフクというバカテクのベーシストらがいた。

犯罪者同盟は詩人の宮原安春、演劇青年の諸富洋治、俺が超現実主義《シュール・レアリズム》の知識をもっていたから、「自動記述《オートマティズム》」「偏執狂的批評技法《パラノイア・クリティーク》」「転喩《デペイズマン》」等の技法（どれもあやしげな）を用いて、ジャズの即興演奏と張りあって、詩および身体表現を、これまた即興的につくりだした。拙稿は「はれんちカンカン」（『韃靼人宣言』第三章）に、そのときの詞華のいくつかが残っている。

「あけがたの都電はくちびるにはりついたつばの熱――諸富洋治」

「われわれが死体に感じる微妙なよろこびというものは腔腸動物の肛門のそばで死がふ

たつにわれるとき閉ざされてしまったのではないだろうか。――河田、外崎」

「あふれてあふれてこまるビールの大ジョッキに、とても大きなぶよぶよがあふれてあふれるとブルーの貴婦人は尻をおきわすれて走り去ってゆくだろう。」

「赤い小さな紅雀の頭が、十七本のむかでの脚で、かわいた、しなびた、キャベツのようにころがった。」

「孤独な蠅、あるいは鏡に解体する陰謀は、キラキラする空間の恍惚と不滅の存在との祝盃のために、とある空腹なフラスコのなかで、アラビア風の神殿を沈めた。――諸富と宮原」

「ソドミアンの魂は　赤い風船　ブルースをくちずさむ　夢のトランプ。おさない馬にのってしげしげとかよってくる　頭に一杯の羽飾り――宮原安春」

「三途の川のほたるのようなコントラバスは、垢にまみれた胡瓜の黄昏、くもりガラスの牢屋の中で、ああいやな話をきいたとスカートをまくった。」

　諸富の朝の都電の詩は、都電の中吊り広告にコンドームの広告が出ているのを見て、都電はもうじき亡びると直観したことが背景だ。犯罪者同盟の幽霊男と噂された彼は、路面電車の廃止と自動車社会の到来、そして道交法提出を、一体化された資本の陰謀と見ていた。

「十七本のむかでの脚で、かわいた、しなびた、キャベツのようにころがった」というのは、カンサス・シティのバップが紐育《ニューヨーク》に向ったという意味だ。

ミシシッピを航行する、内陸の船や、鉄道や、ハイウェイやらで、カンサス・シティは中西部にあって繁栄を誇ったが、ジャズと、もぐり酒場《スピーク・イージー》の庇護者トム・ペンダーガスト親分の没落とともに、この都会も衰微し、ベイシー楽団や、ジェイ・マクシャン楽団や、レスターや、パーカーらが紐育《ニューヨーク》に出たということである。

俺が、一九六三年にカンサス・ジャズに知識を有していたのは、ハイソの連中とのつきあいがあったからだ。

アルバイト・ジャズメン、タモリ、小山彰太

ミュージシャンをまじえてつくりあげた詩(イメージが出ると紙に書きとめ、他人が改変、挿入、加筆自由にして作りあげる劇中セリフ)だから、だれの作ということは断定しにくいが、「孤独な蝿」にはじまる詩を、諸富と宮原のものとしたのは、蝿のイメージがサルトル劇「蝿《レ・ムシュ》」、錬金術とドビュッシー「沈める寺」を思わせる部分が、宮原の知識だったからだ。

「ソドミアンの魂は 赤い風船」にはじまるのは、宮原の長詩の一節で、「頭に一杯の羽飾り」は、「飾りのついた四輪馬車」のことだ。マイルスの演奏である。

詩人や役者志望にくらべて、アルバイトに一ステージ吹いてくると、あんがいな金に

なるジャズマンは、金を持っていたが、野心を共有できるのが、たがいの若さの証明だった。

詩や演劇とジャズが組むことは、あちこちで行なわれていたが、犯罪者同盟が、ブンドの一分派であることは、早稲田では周知のことだった。

のちハイソから、タモリや、小山彰太が出たのも、六〇年代はじめの、早大裏門一帯の諸族混交の気風が、いくらか関与しているだろう。

読みかえしてみると、「はれんちカンカン」の時代に、俺はジャック・ゲルバーの前衛劇「コネクション」のことを知っていた。直接にではなく、ビート詩研究の山屋三郎の引用を通じてだが、「ゲルバーの芝居『麻薬売人』でも金銭欲や物欲につかれた世人(それがすなわち麻薬をもとめる人々だが)の前に最後にあらわれる売人は、さながらキリストのような黒人の姿だと伝えられる」という箇所に、ブラジル映画「熱風」や「黒いオルフェ」に通じる思想性すなわち、やがて黒人のほうが白人を解放する、という課題を探しあてていたのである。

のちに、この麻薬劇に出演したジャッキー・マクリーンと、ピアニストのフレディ・レッドのLP「ミュージック・フロム・コネクション」を聴いて、われわれが早大ハイソの連中と組んでやったことは、ゲルバーの前衛劇「コネクション」より、チャーリー・ミンガス実験室に近かったと思う。

これは、サン・ラの方舟楽団《アーケストラ》や、レスター・ボウイらのシカゴ前衛派の登場と並行して、ジャズは演劇化するだろうという方向と、合致したものであって、あちらの二番煎じをやったとは思っていない。

「もず」「テイクワン」「フォービート」

ハイソの連中との交流は、一月ほどで終った。部室からアルトサックスが一本盗まれたからだ。

ハイソの連中とのつきあいが終ってからも、かみさんの実家が奉仕園（現アバコ）の近くにあるので、大通りを渡ってすぐの「もず」には、よく行った。中年のおばさんがコーヒーを淹れ、レコードをまわしていた。

やがて、「アバコ」にはいる小路の角、麻雀屋と焼肉屋がはいったビルの三階に、「TAKE ONE」が出来て、柿落《こけらおと》しに渡辺貞夫と山下洋輔が出たので（演奏会ではなく、開店祝いのジャム・セッション）出かけたが、その夜があまりに楽しすぎて、この店にはなじめず、ほら、二度目が最初ほど楽しくないと、足が遠のくというやつだ、「テイクワン」とは言わず「タケオネ」と、ローマ字読みするギャグが一つ頭に残って、この店との関係は終った。

安部球場の坂の途中に、「フォービート」という店が出来た。スタックスのオール・

コンデンサー・システムを使用するというのが、うたい文句だった。

行ってみたが、ジャズの音ではなかった。

コンデンサー・ピックアップとツイターの音は、小田原お壕端「ジャルダン」で経験済みだったが、今度のはスケールがちがった。スピーカーは、唐紙一枚分はありそうな衝立《ついたて》型である。アンプは、国産ではじめて100ワット出力を超えた、ソニーのトランジスタ型である。

ピックアップは、UA—7型という一点支持式の定評あるアームに、コンデンサー・カートリッジをとりつけたものだ。

衝立型スピーカーの成極電圧用電源（たとえていえば、ふつうのスピーカーの磁石にあたるもの）も改良されている。そして音は悪い。音量は大きいが、芯がなく、へなへなの団扇《うちわ》で煽いでいるような感じだ。面音源というのは、ダメなのではないか。

この店はすぐなくなった。

渋谷百軒店、インドカレー「ムルギー」の前に、「ブルーノート」という、YLのオールホーン・スピーカーを使った店ができて、これもすぐなくなった。「フォービート」とか、「ブルーノート」というのはなんだったのだろう。あの片チャンネルだけで、二トントラックの一台使いそうな大がかりな装置をかかえて、どこへ引越したのだろう。

オーディオ・メーカーの広告塔だったのではなかろうか。

ワセダに熱きKISSを!

早大闘争、梁山泊、アジビラ

茶封筒から古証文が出てきた。

「梁山泊が政治を提供する　ワセダに熱きKISSを!」というアジビラだ。ガリ版刷り十七ページ。同志社大生協のブックカバーをその表紙にして、余白にタイトルと、値段三十円と、学園評論社梁山泊編集部、'66・4・18発行と奥付がわりの文字をガリ版で刻み入れたものだ。ではさっそく内容の引用を。

《梁山泊が政治を提供するNo.1》

凄まじい反抗ののち、満身の憤怒に火ぶくれになって後退している早稲田の学友諸君!

この喧嘩を明日は自分がやることになる全国の学友諸君!

そして早稲田の炎を怖れ、自分たちだけは助かりたいと感じて根っこの方でじっとしていらっしゃる各大学の経営者、教授、良識だけが商品の傍観者諸君！

早稲田の蜂起が諸君の胸を不安にし、いまなお強烈な熱風を放射しつづけている理由は、あのような大衆の高揚が次に諸君の脚下からせりあがってくることがたしかであり、また学生問題は必ずあのような形で決着することも確かだろうからである。連鎖反応の最初の発火が早稲田をボロ船のようにもみぬいたあの三ヶ月間の形態としてあらわれたこと、これこそウヌらの百の思惑、千の感傷をぶち破っていままさに各大学の門に到着している当のものだ。入試からの一週間、あるいは一ヶ月がエアーポケットになったとしてもなおかつ斗争の根は枯れておらず、しかも確実に成長している。

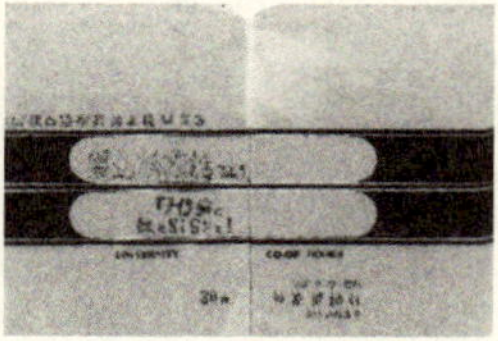

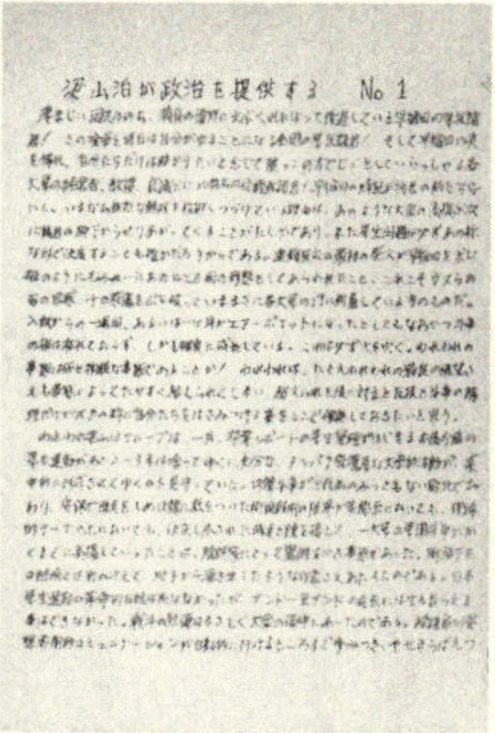
梁山泊が政治を提供する　No 1

上　表紙は同志社大生協のつつみ紙を利用。全共闘運動への最初の煽動。
下　文字はガリ版刷りである。

これは必ず火を吹く。われわれの事態は何と物騒な事態であることか！

われわれは、たとえわれわれの最良の展望さえも事態によってたやすく超えられてしまい、超えられた後に対立と反抗と斗争の論理だけが万力のように自分たちをはさみつけることをここで確認して置きたいと思う。

われわれ梁山泊グループは、一月、卒業レポートの学生管理はじまる前後の学生運動があと二、三年は喰ってゆくに充分な、タンパク質濃厚な大衆的活動が、集中的に形成されてゆくのを見守っていた。日韓闘争がご存じのみっともない敗北でおわり、安保で頂点をしめ日韓に底をついた街頭戦術の限界が実際面においても、理論的テーマの上においても、決定し尽された時点で踵《きびす》を接して、一大学の学園斗争がかくまでに高揚していったことは、陰謀家にとって驚倒すべき事態であった。街頭デモの継続とは別の次元で、地下から湧きだしたような印象さえあったのである。

日本学生運動の革命的伝統は死なかったが、ブンド—亜ブンドの延長には生き長らえる事はできなかった。戦斗の熱源はまさしく大衆の渦中にあったのである。陰謀家的発想、前衛的コミュニケーションが自動的に行けるところまで歩みつき、やせさらばえつくしてしまった時点で、大衆が自ら戦うために、みずから考え出した戦術、テクニックを分析してゆくことがますます重要である。

われわれは一月三十日付アンケートをここに再提出する事に意義があると判断する。

ストライキが入試と時期的に重なるだろうこと、この時点で警官隊の導入があるだろうことをわれわれは展望し、アンケートの内容をしぶとく練り上げてはいたが凄まじい事態発展の波がたちまちにして陰謀家の予測を超えてしまった。

したがってアンケートのなんらかの大衆的公表の手段をこうじる必要がなくなり、またアンケートへの回答についても、まさに今は喧嘩の時であって調査の時間ではないという頑強な状況の環にしめつけられて、断片的な回答、及び回答の討論の機会しか寄せなかった同志に対して編集部は満足をもって、かれらの「文筆上の怠慢」を認めたのである。しかし今は小休止に入っている。小休止は斗争が全国的規模で発展されてゆく前ぶれである。

こうしてわれわれは古証文を再提出し、編集部の責任において解答を試みようと思うのである。（アンケート以下略。一九六六・三・一八）

全共闘運動前夜、トロツキー、ファンキー

これがオリジナルでありテイク1である。全共闘の前だ。「全共闘」という語は「全学共闘会議」の略だ。こういう雰囲気から運動は生れた。ビラがガリ版刷りから邦文タイプになり、拙著『犯罪あるいは革命に関する諸章』に収録したときに、冒頭の煽動演説の部分を、俺はファンキーな文体に変えた。

「凄まじい反抗ののち、満身の憤激に火ぶくれになって後退している早稲田の学友諸君！　この反乱を明日は自分がやることになる全国の学友諸君！　そして、早稲田の焔をおそれ、自分たちだけはたすかりたいと祈って隅っこの方でじっとしていらっしゃる各大学の教授諸君、経営者諸君、および良識だけが商品のそんじょそこらの達観者諸君！

紳士ならびに淑女のかたがたよ！

早稲田の蜂起がてめえらの胸を不安にし、また胸やけにまさること幾層倍の強烈な噦風《ゲップ》を放射しつづけている理由は、あのような大衆の高揚がつぎにてめえらの股の間にせりあがってくることがたしかであり、また学生問題はかならずあのようなかたちで決着することも確かであろうからである。（以下同じ）」（『犯罪あるいは革命に関する諸章』より）

変更点は「憤怒」を「憤激」に、「喧嘩」を「反乱」に、「傍観者諸君」を「そんじょそこらの達観者諸君」に、「紳士ならびに淑女のかたがたよ！」をつけくわえ、「熱風」を「胸やけにまさること幾層倍の強烈な噦風《ゲップ》」に、「諸君の脚下からせりあがってくる」を「てめえらの股の間にせりあがってくる」に変えて、文体をチンポコくさくした。

これは書いた本人には、レオン・トロツキーの文体からジョニー・グリフィンの演奏スタイルへの変更、であった。同志、敵階級および傍観者への呼びかけではじめるのは、左翼のスタイルであり、ことにトロツキーの、ペテルブルグ・ソヴェート蜂起直前の「おはよう、ペテルブルグの玄関番諸君！」というのが好きだった。武装蜂起の邪魔をするなよ、という呼びかけだ。

俺はいまだにこれが好きだ。

ころは露暦の十月半ば、おりからのペテルブルグの夜風にのせて、オーロラ号の砲撃の声。一打ち、二打ち、三流れ、おお、あれはまさしくボルシェビキの武装蜂起じゃ。兄者《あにじゃ》、一目なりともお目にかかりたく、ウオッカ手にして推参いたしましたが、お留守とあっては詮なきこと。アントノフ、これにてご免つかまつる。兄の軍隊外套《コート》を兄と見たてて盃を干すアントノフの目に涙。かくてはならじと、壁にかけたる俵弾正鍛えたる

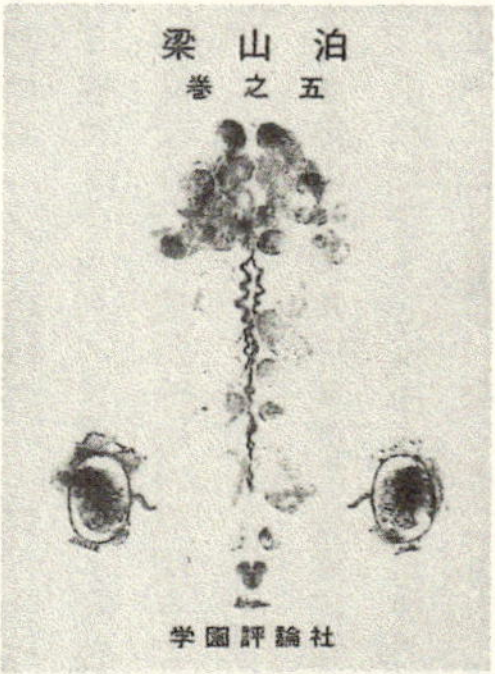

上　ジョニー・グリフィン「リトル・ジャイアント」。これが俺の演説スタイルの教科書。

下　関西グループと合作して出していた、犯罪者同盟の「梁山泊」。その最終号。一九六七年。

九尺のクラシンコフ、小脇にかかえ、段小倉の袴股立《はかまももだ》ち高く、眼吊るの如く、パパパパパ……雪を蹴立てて、目ざすは冬の宮。「アントノフ・オフセンコ冬の宮奪取」なんてのをいまもやるよ。

トロツキーのアジテーションは大好きだったが、当時はロシア語原文は手にはいらなかった。英語版から山西英一が重訳したものだから、トロツキーのつもりで、山西英一の文体だったということもありうる。それにくらべて、ジョニー・グリフィンはオリジナルだ。リバーサイド原盤だろうと日本盤だろうと、「汀」で聴こうが「もず」で聴こうが、グリフィンが吹いていればオリジナルだ。

俺は六〇年代のこの時期、セロニアス・モンク「ミステリオーソ」にサイドマンとして出た盤と、彼の綽名《あだな》をタイトルにした「リトル・ジャイアント」というすこぶるファンキーな盤をくり返し聴いて、ジョニー・グリフィンの影響を受けた。

なぜ政治的アジテーションに、ジャズのアドリブの雰囲気を持ちこんだか。闘争は血湧き肉躍るものでなければならない。

中央線界隈と狐鳴くジャズスポット

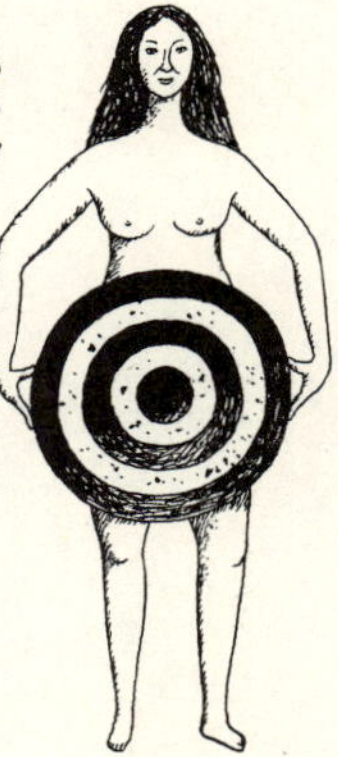

中野「ロン」

クナの「ウインナ・ワルツ」

ワグナーは、ハンス・クナッパーツブッシュ（※——註＝ボン大学哲学科出身の指揮者。ヒトラーと反目した。）がいいんだってね。

そうかねえ。そうしよう。

ところで、彼の振るウインナ・ワルツが、僕は気に入った。「あらえびす」の想い出のおケツに来るのが、ウインナ・ワルツだったというのもおかしいや。「ウィーンの休日」という題で、ウィーンフィルの演奏だ。「ラデツキー行進曲」やら「アンネン・ポルカ」やらが入っていて、トリにくるのがヨハン・シュトラウスII世の「ウィーンの森の物語」である。

これがいい。はじめのほうに、チターの旋律が流れる。カール・ヤンツィクという奏者だ。

ドナウ河畔の木立を渡る風のようで、ベンチに腰かけて、善男善女の散策姿を眺めていたり、近くのカフェからくる、淹れたての、たびたびトルコと戦ったおかげでおぼえたウインナコーヒーの香をかぐような、いい気分にさせてくれる雰囲気。これは灯影《ほかげ》涼しい大川端を行く屋根舟の三味線の音や、杭州西湖の湖面にただよう、月琴の音に通じる、都会音楽の洗練だろう。

「か？」とか「だろう」ということばを、人は疑ぐるよ、と言われても、西洋人のそういう現場に出くわしたことがないからね。

ふうん、チターの音ってこんなんなんだ。だいぶアントン・カラスの「第三の男」とはちがう。

同じウィーンでも、第二次大戦の市街戦後のウィーン、廃墟と化した町並の、その地下壕で、粗悪なペニシリンを密売するハリー・ライムのテーマ音楽に乗せて、あれほど、戦後のウィーンを有名にした作品なのに、なぜウィーン人がアントン・カラスを嫌うかを追って、カラスがジプシーであることを突きとめた、軍司貞則の『滅びのチター師』が書かれたわけだ。

指揮者ハンス・クナッパーツブッシュは、神格化されている。オランダ・アムステルダム・コンツェルトヘボウを指揮しているところにやってきた、ドイツの代官をさんざからかったために、ナチににらまれたとか、暗譜で振るカラヤンを皮肉って、わしは、だれかさんとちがって譜を読めるからな、と言ったとか、その狷介《けんかい》さをしめす逸話《エピソード》が残されている。

同世代人のフルトヴェングラーと双璧をなして、ワグナー、ブルックナーのドイツ音楽のヘビー級を指揮させたら、クナ（と日本で略称される）の右に出るものはないと言われている。

俺が、そんなクナの「ウインナ・ワルツ集」をなぜ持っているかといえば、俺の三千枚の書き下ろし小説『皇帝円舞曲』（第一部〜第五部＝ビレッジセンター出版局）のためだ。

ほら、三浦半島南部に結集した百八人の人殺しが、米第七艦隊と組んで日本から独立し、大日本帝国を名乗って侵略戦争を開始するという、やりたいほうだいの小説の、鹿鳴館的ドンチャン騒ぎに「皇帝円舞曲」を使うから、ウインナ・ワルツのレコードを買いに出て、そのとき古レコード屋の段ボールの中で見つけた、クナの盤もついでに買ってきた。

中野「クラシック」

クナの盤には「皇帝円舞曲」ははいっていないが、なぜ買ったかというと、いかりや長介そっくりな顔が、面白かったからだ。

「あらえびす」でかかったときには、クナの顔ではなかった。あの店はジャケットを出さず、モジが黒板に作曲者、曲名、楽団名を書いて出した。顔で買ったクナの盤が演奏もよかったからだ。そのときは、クナッパーツブッシュがいかなる人物であるかという知識はなかった。見ると宇野功芳のライナーノートにこうある。

「……フルトヴェングラーの場合、実演録音がつぎつぎと発売されるのに対し、クナッパーツブッシュのレコードはきわめて少ない。（中略）日本のファンにまったくといってよいほど知られていなかったクナッパーツブッシュの名演奏に驚愕し、その超天才ともいえる芸術性を日本で最初に紹介したのはほかならぬぼく自身であった。」

へえ、このドイツの、いかりや長介はえらいんだ。

宇野功芳という名前に覚えがあった。会ったことはない、はずだ。ベイヌムの振ったブラームスの「一番」のライナーノートを、この人が書いていた。

「ぼくの学生時代は名曲喫茶が全盛で、中野の〝らんぶる〟という店によく行ったものだが、行くと必ずといってよいほどベイヌム（※――註＝オランダの指揮者、メンゲルベルクの後継者と目されたが五七歳で急逝。）のブラームスの一番がかかっていた。早大の哲学科の学生がいつもスピーカーの前に陣どってこのレコードをリクエストしていたのである。」（ロンドン永遠の名盤シリーズ）

中野の「クラシック」だよね、宇野さんの記憶ちがいじゃないかな。馬場の「あらえびす」じゃないだろうね。

「らんぶる」というのは名曲喫茶チェーンで、新宿にも、高田馬場にも、池袋にもあった。

池袋のは「琥珀」といったが、ランブルは琥珀のフランス語だから、同一系列店だったはずだ。「らんぶる」系は長っ尻ができて、大人数がつめこめて、学生のコンパや小会議に使えた。

「あらえびす」は、高田馬場「らんぶる」からさほど離れていなかった店で、ここでもブラームスの交響曲第一番がよくかかり、盤はベイヌム指揮のアムステルダム・コンツェルトヘボウだった。

ブラームスはお好き？　と美術大の学生だったモジにきくと、ブラームスの交響曲は「ベームではありません。ベイヌムです。エドゥアルド・ヴァン・ベイヌム」とモジは言った。

「名曲喫茶」哲学論議

宇野功芳が、中野「クラシック」へ通ったのは一九五〇年代のはずだが、この時代の学生は、よく議論した。中野の「クラシック」のスピーカーの前には、ベイヌム指揮のブラームスをリクエストする哲学科の学生がいた、という引用箇所だけでどんな議論があったかが想像できる。

フルトヴェングラーがワグナー楽劇を指揮したのは是か非か？……

サルトルはマルクス主義者か？……

実存主義はフランス共産党の別働隊ではないのか？……

モジリアニの描線は男性的か女性的か？……

マグナム派写真家のなかで、キャパをとるかブレッソンをとるか？……

ルカーチはスターリン主義に屈服したのか？……

パステルナーク『ドクトル・ジバゴ』は修正主義か？……

社会主義レアリズム演劇は、なぜメイエルホリドを排斥したか？……

花田清輝の『泥棒論語』と、吉本隆明の「関係の絶対性」はどちらが党派的か？……

竹内好のアジア主義は右か左か？……

ジャン・ジュネはオカマか聖者か？……

そういった論争磁場のなかに、ブラームスの交響曲はブルーノ・ワルターが振ったものがいいか、ベイヌムがいいか、という議論もあった。

学生たちが、そういう二項対立的命題を、哲学・音楽・写真・映画・絵画・演劇のあらゆる領域で問いつめていった態度は、やがて、共産党は革命か反革命かという、のっぴきならない問題にしぼられてゆくのである。まあこれは、宇野功芳より俺の場合。

宇野功芳の文体には、その時代の匂いがある。ロシア文学者・米川正夫のドストエフスキー解説に似た、大時代の、ケツがむずむずする文体だ。指揮者を「超天才」と言ったりするようにだ。けなしているのではない。なつかしんでいる。クラシック音楽批評家で、指揮者でもある宇野功芳の眼（耳？）を通じて見た、クナッパーツブッシュの「ウインナ・ワルツ」というところが値打ちだ。

顔が似ているものは、思想も似ている。

クナッパーツブッシュは、いかりや長介に似ている。

だから、クナの「ウインナ・ワルツ」は、ドイツ人がビーバノンノンと、ドイツを分泌する音楽である。

ウインナ・ワルツが、はじめはハプスブルグ家の貴族にきらわれていた音楽だったという歴史や、しかつめらしい、メッテルニヒのウィーン会議の足元から、会議がワルツで踊り出した故事をふくめて、楽都ウィーンの百五十万市民は、ウインナ・ワルツを聴くと浮かれだすということが、クナのワルツ集でわかる。ヨハン・シュトラウスは、ウィーン艶歌《えんか》だ。

顔が似ているものは、思想も似ている。

クナッパーツブッシュは、吉本隆明にも似ている。

したがって吉本隆明が、昔、赤童《アカワラシ》の歌いたる、吉本おやじは生活おやじ、買物籠下げては白菜人参値切り、蚊帳吊って、西瓜食って、団扇あおいでいつの間にか眠りこける、下町庶民に日常生活が、大思想家になったあとでもお好きなように、クナッパーツブッシュも大指揮者になったあとも、ドナウ河でボート漕いで、木立の蔭で昼寝して、ライ麦パンにバタ塗って、黒ビールのジョッキを傾けるウィーン小市民生活が好きなのである。

おお、いまテーブルをかこむ三人は、顔のよく似たあの三人ではないか。三人の写真は出さない。みなさんの想像にゆだねる。

月がわびしいドナウ河畔の、屋台の麦酒《ビール》のほろにがさ、知らぬ同士が、小皿叩いてチャンチキ・ワルツ。ワルツ切なや、やるせなや……。

中野「ロン」

ジャズにもどる。

中野に「ロン」があった。「芝生」だろうね。「月賦」じゃあるまいね。

この店に足を運んだのは「ジャッキー・マクリーン五重奏団」、ジュビリー原盤の万聖節カボチャ提灯のジャケット版のためだ。これがマクリーンの初リーダー・アルバムだ。トランペットがドナルド・バードで、ピアノがマル。

マクリーンのこの盤が、中野の「ロン」にあると教えてくれたのは、チェットのヴォーカルを教えてくれたのと同じ河田という学生だった。グッドマンの二五センチ・ダブルコーンで音を出していた。

中野に「ブロードウェイ」も兵学校跡地のサン・プラザもまだない、青梅街道の馬糞臭がのこる頃だった。「ロン」はのち、駅の反対側に移転して「ビアズレー」になった。

吉祥寺御三家

吉祥寺「ファンキー」「メグ」「A&F」

吉祥寺の「ファンキー」は、南口の埴谷雄高邸に用があった帰り、駅の反対側にまわって立寄るジャズ喫茶だった。

この店の二階、アルテックＡ７の前で戯曲家斎藤憐はすごしたそうだ。憐の戯曲『上海バンスキング』、ジャズ書『昭和のバンスキングたち』、ドキュメント『アーニー・パイル劇場』にはアルテックＡ７の響きがあるが、店で憐に会ったことはない。

Ａ７を置いた二階は酒を出すカウンターがあり、俺は酒がだめだから一階か地下へ行ったから、彼とはすれちがったのだろう。

「ファンキー」「メグ」「Ａ＆Ｆ」の三軒のジャズ喫茶が妍《けん》を競って、吉祥寺はジャズタウンといわれた時代があったが、俺は「ファンキー」しか知らない。九〇年代にはいって、ビリー・ホリデイ「恋の愚かさ《アイム・フール・トゥ・ウォント・ユー》」を、俺と同じ聴きかたをする野口伊織という人物の記事を読んで驚き、それがジャズ評ではなく、米国製新世代管球式アンプの試聴記であり（掲載誌は「ラジオ技術」だった）、野口伊織という人が「ファンキー」のマスターだと知って、あの店のアルテックを真空管アンプで鳴らせば、ビリー・ホリデイはこんなぐあいに聴こえても不思議ではないと、新撰組誕生の地、武蔵野国多摩の雑木林の空気感をなつかしんだことがある。

「こんな聴き方」とは、もうすぐ死ぬビリーを横目に、楽器から$をばらまくメリケン楽団の豪勢さということだ。

俺は新宿の先の、中央線沿線のジャズ喫茶と、青山、六本木のジャズ・スポットに縁がなくて、俺の武蔵野イメージは新撰組、国木田独歩どまりかね。

武蔵野のただ中に、
狐火が燃えているような
Funkyの字体。

や、そんなことはないぞ。「吉祥寺三人組」を知っているぞ。埴谷雄高、竹内好、丸山真男だ。

『死霊』の埴谷、魯迅の竹内、政治思想史の丸山が吉祥寺に住んでいて、個性と分野を異にしながら、戦後思想家として御町内で行き来しているのは知っていたが、クラシックの音楽趣味でも一致しているのに驚いた。

ジャズにだって「吉祥寺三人組」はいる。

「ファンキー」の野口伊織、「メグ」の寺島靖国、「A&F」の大西米寛と並べてこの三人組なら、やわかクラシック三人組に……ええい、ひけをとる。

新原町田スナック「ゴースト」——一九六九年失業時代

アルバート・アイラー

アルバート・アイラーは、もっぱら新原町田のジャズだった。

アイラーのレコードを置いてある店が、二軒あった。

小田急線新原町田駅と横浜線原町田駅は現在の位置より離れていて、二つの駅の間を旧街道らしき道（鎌倉街道の分岐）が結んでいて、昔は馬子《まご》が通ったのではないかと思わせるその道筋に、近郊都市型の商店が並びつつあるその一軒に、ジャズをかけるコーヒー屋があった。

その店に「ベルス」があった。片面だけのESP盤だ（ESPはエスペラントの略、前衛ジャズ中心のレコード会社）。

もう一軒は、畑の中を定規で引いたように単線の横浜線が走っており、錆どめ色の四輌編成が、東神奈川〜八王子間を結んでいた。その線をまたいでバス道があり、バス停留所の近くに中華料理屋とスナックができて、スナックに「ゴースト」があった。

しばらく行くと米軍基地の一部があり、荒蕪地《こうぶち》に乗りすてられた大型の米車《アメ》のまわり

アルバート・アイラー
『ベルス』のジャケット写真。
A面だけで、B面はカッティングされず、
ジャケットもモノクロの文字だけという、
いかにもアングラ的。

に、国産のファミリアやチェリーが駐車してあって、老いたる鯨のまわりに群れるシャチのようだった。

一九六〇年代末、町田市が東京と横浜のベッドタウンとして急激に発展する時期だった。水たまりに薄氷がはりはじめた田舎道を踏んで、バス停近く四ツ角のくぼみにある中華そば屋でタンメンを食べ、隣のスナックでアルバート・アイラーを聴いた。

その音は戦慄すべきものでも、破壊的なものでもなかった。

動物が死ぬときの悲鳴のように聴こえた。

近くを流れている境川というのが、小河川のわりに名代《なだい》の暴れ川で、嵐の日、生きた豚が、ドンブラコ、ドンブラコ流れてきた。

周囲を神奈川県にかこまれた東京都の飛び地、とりあえず、ジャズのいちばん新しいスタイルを鳴らせばいいだろうと、アイラーの盤を購入してしまったスナック店主のみこみちがい、タンメンを食べて、コーヒーをのむことがぜいたくの部類にはいった、ストライキ後・失業中の生活という条件で聴くアルバート・アイラーが、いちばんいいアルバート・アイラーだった。

ポコッと新原町田でだけ存在した、アルバート・アイラーの別系統の孤立のために、後年、俺はC・L・R・ジェームズ「ブラック・ジャコバン」派ジャズとしてのアルバート・アイラーを、論じることができたのである。

東横線都立大学前「エボニー」

ローランド・カーク

一回行っただけで物語を作ってくれた店が、東横線都立大駅前にある。

拙著『プレンティ・プレンティ・ソウル』(平凡社)が出来上って、贈呈本のサインをしに平凡社に行った。目黒碑文谷の時代だ。向井徹と担当の松下幸子嬢が待っていてくれた。

美味いラーメンを喰いたい、と俺は言った。薩摩の黒豚チャーシュー入りの麵と、イカのスミ入り真黒け餃子の店が近くにあって、編集部員ひいきの店だと彼女は言った。三人とも風邪気味だったので、スリニンニクをたっぷり麵に入れてあったまった。

冬枯れの路を歩いて行くと、駅近くに「エボニー」という店があった。隣駅自由が丘の住人向井徹も知らない店だった。若い黒人ピアノ・トリオのレコードがかかっていた。

スピーカーはオンキョー製の3ウェイ密閉箱入りで、中音にツチノコと称されるホーン型を使っていた。ホーンの中仕切の分がふくらんでいる形状が、ツチノコを思わせるからだ。正確な再生音だ。両翼を、渋谷と横浜にはさまれた教養都市の、助教授と研究者稼業の多い住宅街で、品よくピアノ・トリオを鳴らせばこの音がぴったり、という東横線らしい音だった。

綺麗だがルーズさの快楽に、語を変えれば黒さに、あと五年足りない。もっと黒くなれよ。思ったところに、ロイ平の「アウト・オブ・ジ・アフターヌーン」がかかった。ロイ平のドラム。ロイ・ヘインズのことをわれわれは「ロイ平」と呼んだ。ローランド・カークのサックスの盤だ。

俺は『三国志』取材で四十日間日本を離れていた。

中国の長旅で困るのは、ジャズとコーヒーだった。大都会のホテルに行かないとコーヒーはない。機内で出るのはインスタント・コーヒーだ。中国人は、南天の実みたいなのを乾して、さらに黒く煎って、粉にして、上から熱湯をそそいで煮出した泡出し煎じ薬みたいなものに、砂糖と牛の乳をまぜて飲もうという気がしないのだろう。

茶にくらべたらコーヒーなんて野蛮人の飲みもの。ジャズねえ……漢詩とジャズは、もっとも遠い人類文化だろうよ。

こんな土地で四十日過ごして、ジャズが切れて帰ってきて、帰ってきたとたん「ダウンビート」の先代のおやじさんも死んで、重力が弱まってふわふわしている俺が、黒さを回復しようとする過程で二人の編集者を、それとけどらせずに、向うから言いだすようにしむけて、巻き込んだのではないかと思っている。

俺にそんな悪知恵があったのかなあ。三国志紀行やってきて、魏の曹操に惚れた直後だったからね。黒豚チャーシュー、イカスミ餃子、都立大駅前のジャズ喫茶、俄然黒いロイ平とカークのジャズ、そして店名のしめすエボニー＝黒檀にいたって、まっ黒けのけ。エリントンに「ブラック・ブラウン・アンド・ベイジュ」という曲があるだろ。アフリカから連れてこられた黒人が、アメリカ社会に溶けこんでゆく過程を組曲化したものだが、その逆に、ますます黒くなろうとするのが前衛ジャズだった。

過日、向井徹が通りかかると、「エボニー」は消滅していた。代がわりしているとか、駐車場になっているというのではない。あっけない。

蒲田「直立猿人」

羽田空港、全学連デモ、闇市ルート

国際線ロビーの猥雑さと国内線ロビーのもの哀しさ、と言ったのは記録映画作家布川徹郎だ。別の話をするわけじゃない。これから蒲田のジャズ喫茶「直立猿人」のことを言う。

成田が開港して羽田は国内線空港になった。かつてロビーに英語放送が流れていて、「インターナショナル・エアライン……」「ドメスチック・エアライン……」という別に、布川徹郎の言うかぎりなく猥雑な響きと、かぎりなくうらぶれた後姿が感じられ、ニュアンスをフラットにするために採用したはずの英語が、アングロ＝サクソンの差別観をひきこんで、国際線は夢多き華麗なる人々の群、国内線は失業者の群という感じになる。

ほんとは逆なんだけどね。国内線ロビーは、タイム・イズ・マネーのビジネスマンのラット・レースの場なんだけどね。

左翼の布川は、一九五九年十一月には、アメリカに安保条約締結の密議をこらしに行く首相岸信介を、全学連が追っかけまわし、六七年十月には、弁天橋（羽田）で首相佐藤栄作（岸・佐藤が実の兄弟であることは言わずもがな）の南ベトナム訪問を阻止しようとする学生と警官隊が衝突して、京大生山崎博昭が死んだことを忘れずに、羽田空港は「インターナショナル」と「ドメスチック」の双方が、鮮血のようであることを知っているうえでの、国際線ロビーの猥雑さと国内線ロビーのもの哀しさ、ということを言っているのである。

羽田が国内線空港に格下げされて、蒲田の存在感が浮上した。

京急蒲田駅から分岐する支線で、弁天橋に着くというルートがあった。いまみたいに京急線が本線から乗りいれて、空港ロビー地下に着く時代ではなかった。

一度、支線で羽田から蒲田に出ることがあって、京急蒲田駅からすこし離れた、国電蒲田駅まで歩く間の商店街が気に入った。東洋文庫を揃えた古本屋があった。いまあるかどうかは知らない。リンドレー『太平天国』の欠けていた第二巻を買って（四冊本の二冊目）、蒲田から池上線で戸越に出て、戸越銀座をぶらついてのち、五反田から山手線で渋谷、渋谷から井の頭線で下北沢、下北沢から歩いて世田谷代田のアパートの自室に帰ったことがある。

そのときの気分で、私鉄の各駅停車を乗りついで帰宅しただけだ。あれは何の帰りだったのかなあ。長崎の大学で、中国人俘虜の原爆被曝死事件を講演した帰りだったか。羽田に着いて自宅までの帰路を旅行の仕上げにするために、闇市時代の痕跡の残る地点を、私鉄の各駅停車でつないで帰宅したということになるが、刑事をまくようなそんな町歩きをするのは、俺の気まぐれだろう。

亡命者、自己テロル、基地の写真家

その時、蒲田に裏国連を置くというアイデアを得た。

忘れたころの、白夜書房の末井雑誌「写真時代」でカメラマン滝本淳助と組んで「帝都改造計画」という連載をはじめたときに、第一回目を大田区ではじめた（一九八八年二月号）のは、裏国連計画のためだ。

蒲田と六郷の鉄橋をはさんだ対岸の川崎に、コケのように大地に貼りついてひろがる裏国連をつくる。難民と亡命者は無条件に受けいれ、亡命政権を作りたければどうぞ。

滝本淳助と歌手志願のモデルの女の子と五反田で待ちあわせ、池上線に乗って蒲田に向かった。西島三重子というマイナーな歌手の「池上線」というマイナーな曲があって、JRはあるが湘南電車はとまらず、近くに空港はあるが国内便に格下げ、県境の多摩川は、対岸の神奈川県川崎市のほうが繁華（東海道の川は右岸の方が繁華なのは、文化は関西から東下してきた証拠）といった、マイナーが集中するところだから、チンチンチン、池上線が通過したあと踏切の警報器が鳴りおわって、遮断機の向うに、さきほど駅前の本屋で、ライナー・リルケの詩集を買ったあなたが立っていました、なんて小市民生活情景が、昭和一ケタ期の「死なう団」事件のように、池上本門寺の日蓮宗と、京浜地帯労働者の疎外感が結びついて自己テロルを続発させたように、転がって大化けする可能性がある。

二月号に発表する記事の取材だから、蒲田駅周辺を歩いたのは年の瀬だ。蒲田銀座に迷い込むと「ホワイト・クリスマス」が流れていた。関東の町で聴くクリスマス・ソングの三指にはいる。第一は横須賀のドブ板通りで、基地の町の酒場に立つ女の風情は、なぜか東南アジア人に見えるものだ。

この感覚を、俺は写真家破井戸《はいど》モウに負う。彼は六〇年代に、日本の中の米軍基地だけを撮りつづけ、七〇年代にはいるのを待たずに白血病で死んだ。横須賀。横浜。座間。厚木。相模原。立川。福生。朝霞。関東の米軍基地が中心で、西国では岩国、板付、佐世保を写していたように記憶するが、青森の三沢基地があったかどうか。沖縄はない。

彼と手紙のやりとりをした。何回か短い紹介記事を書き、何回か近況報告をもらったことがあるが、会ったことはない。文通したのだから、本名と住所を知っていなければならないはずだが、記憶にない。

ペンネームの破井戸というのは「ジーキル博士とハイド氏」から来ているだろう。とするとジーキル博士がいる。たぶんジーキル博士としての自分を隠す必要があった。銀行、商社、官庁などのおかたいどこかに勤務して、休日に軍事密偵のように鋭い嗅覚を以って、米軍基地のある町の変態的な風景を撮影しつづけた、ように思える。

ある日、破井戸モウの死亡通知が届いた。奥さんと友人たちが協力して遺作展をひらくとあった。有楽町フードセンター二階にあるギャラリーだった。すべて日本の米軍基地、すべてモノクロの写真がギャラリー全壁面に展示されていて、臈《ろう》たけた美貌の未亡人が受付けにすわっていた。その美貌と展示会場の雰囲気から、破井戸モウが食うにもこまるようなカメラマンだったとは思わない。

コザ、窮民、米軍狩り、娼婦

沖縄はなかった。だから彼が死んだのは六〇年代の末で、すくなくとも七二年の沖縄復帰以後ではないということになる。復帰以前に沖縄の基地を撮るには、雑誌社のバックアップが必要で、費用と渡航手続をもってもらわなければ、個人では荷が重すぎた。

コザ暴動記録「モトシンカカランヌー」を撮った布川徹郎に、破井戸のことを話したことがある。全軍労（基地労働者の組織）のストライキを超えた窮民暴動の可能性が沖縄にある、と判断して復帰前に渡航し、コザ市照屋のAサイン酒場（米兵専用酒場、照屋のは黒人兵相手）にもぐりこんでカメラをまわした布川は、破井戸という人の基地写真だとな、シュミーズ着て、髪にカーラーというのかい、クルクルッと巻き毛にする小器具をつけて、タバコくわえてダラーッとした日本の女たちは、すべてフィリピン人に見えた、というあなたの説明に興味があるよ、と言った。

コザ暴動。一九七〇年十二月二十日の一夜の夢魔《ナイトメール》。コザ市胡屋《ごや》十字路、第二ゲート角で黄色ナンバー（米軍車輛）がタクシーに追突した。逃げようとしたやつを住民がとりかこんだ。応援のタクシーが次からつぎにやってきて退路をふさいだ。MPが来た。拳銃を射った。野次馬の一人が米軍車輛に火をつけた。はじまった。

中国人は床の間に書を飾る。日本人は刀を飾る。琉球人は三線《さんしん》を飾る。守礼の邦、琉球人も米兵の横暴に堪忍袋の緒が切れた。見つけだしては米兵を殴った。米軍車輛が次々に炎上する。フィーヒィ、フィーヒィ、カチャーシーの憑《つ》き代《しろ》である指笛が、闇の中に敵を求めて、米兵を追いつめる。基地の門《ゲイト》が閉ざされた。わけなく群衆は門を破って基地内になだれこんだ。

基地司令官は、戒厳態勢を敷いた。「コンデション・グリーン」という。ベトコンが潜入して基地暴動を煽っているとも、恐怖した米兵は言った。

米兵が折り敷きの隊形で銃口を向ける。蜂起者たちはためらわずその横を駆けぬけた。体当りしたのではない。ただ走りぬけた。群衆が走りぬけた後には、踏みにじられた米兵が、あちこちで、ヘルプ、ヘルプとうめいていた。

朝になった。暴動は終った。朝日が照らすコザの町中のいたるところに、二百台以上の車輛が焼けた豚のように転っていた。人々はなにくわぬ顔で仕事に戻った。先頭に立ったのは「モトシンカカランヌー」たちだった。元銭かからぬ者たち。転じて男はやくざ、女は娼婦を指す蔑称であり、基地経済の寄生虫視されていたかれらが戦闘した。死者はなかったという。素手でやったからだ。基地の町でダラーッとした女を撮れること自体が、すでに破井戸の才能である。そんなところにカメラをもちこめば、女たちは鋭い警戒の眼でこちらを見ている。なるほどな。さすが布川だな。

自分でも、小田原市酒匂《さかわ》の疎開先だった妙蓮寺裏の海浜に米海兵隊が上陸してきて、カマボコ兵舎を建てたときの情景や、桜木町駅前野毛闇市の角に、とほうもなく巨大な低床式トレーラーを停めた黒人兵が、運転手席から片足を地上に投げだし、ミカンを食べながら、ぜったいにバップである音楽を、ラジオかあるいは通信機で聴いていた光景をまざまざとおぼえている。俺も基地感覚をもっていて、破井戸の撮った写真を見て、なつかしいなどと思ってしまうのだ。

蒲田銀座のモダンジャズ喫茶

世代差はある。俺は五年に一度くらい、破井戸のことを思い出して語ることがあるのだが、「公評」という雑誌の担当編集者だった佐藤という人が、彼は自分の住んでいる所沢に近い立川基地、福生基地の写真を撮っていたのだが、見棄てられた米軍施設や家屋、住む人のいない米軍ハウスの写真を送ってくれた。カラーだ。

美しく、寂しい。人がいない。いないことがテーマであって、くち果ててゆくものの残照をとらえた佐藤の写真は、ロック感覚である。破井戸のはブルースだった。

そんな横須賀ドブ板通りで聴く「ホワイト・クリスマス」は、自分が外人部隊の二等兵にでもなったかのような、甘酸っぱい望郷の念をかきたてるものだ。現在のドブ板は横文字のケバい看板が消え、観光地の散歩道に生れかわって東南アジア的湿度が消えた。

年の瀬にあわただしい蒲田の雑踏で聴く「ホワイト・クリスマス」も、ノスタルジックである。クリスマスといえば、着ぶくれて、左利き用野球の牛革グラブをさがして、歳末の根津宮永町を歩いている小学生の自分を思い出していると、ジャズ好きの滝本淳助が、蒲田銀座のはずれに古い木造二階建てにはいったモダンジャズ喫茶「直立猿人」を見つけた。ミンガスの「直立猿人」にちなむのだろうが、店名にしては変っている。

店にはいった。昼下りで客はなく、比較的若いマスターがマイルスのサントラ盤「死刑台のエレベーター」を、ヤマハのトランジスタA級動作アンプを使ってかけていた。

こういう店好きだがね、急行がなく各駅停車の走っている電車（池上線）の沿線のジャズ喫茶には、もっと近ければ通うだろうがね、このときはミンガスの曲にちなむ店に、マイルス「死刑台のエレベーター」はそぐわない感じがした。歌手志望の子が、ジャズ・ヴォーカルのテクニカリーなやつを聴きたいというので、滝本淳助がエラの「ベルリン実況盤」、「マック・ザ・ナイフ」のはいった盤をリクエストしてやって、聴いて出た。

蒲田には古レコードを探しに、その後も何度か行って、この町は気に入ったが、「直立猿人」はそれっきりだ。

吉祥寺しもん

吉祥寺A&F

吉祥寺ファンキー

吉祥寺デイブ

水道橋スイング

日暮里シャルマン

吉祥寺ファミリー

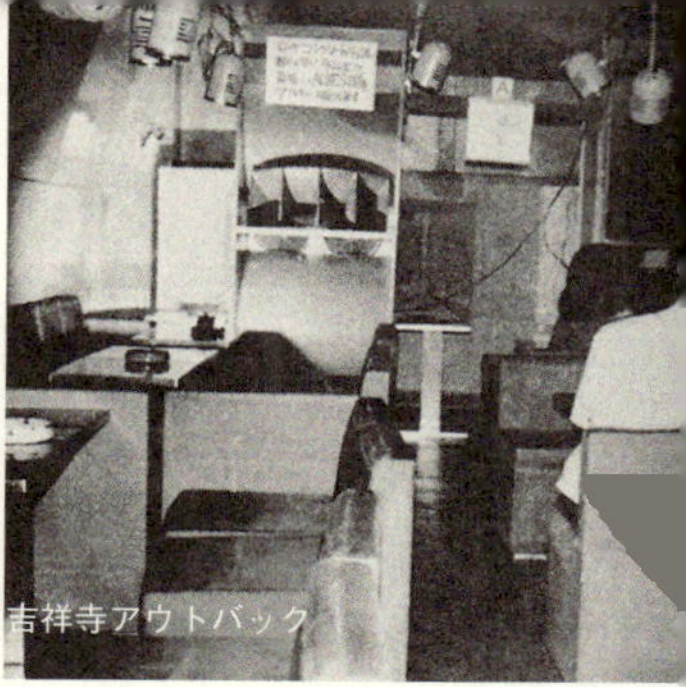
吉祥寺アウトバック

吉祥寺西洋乞食

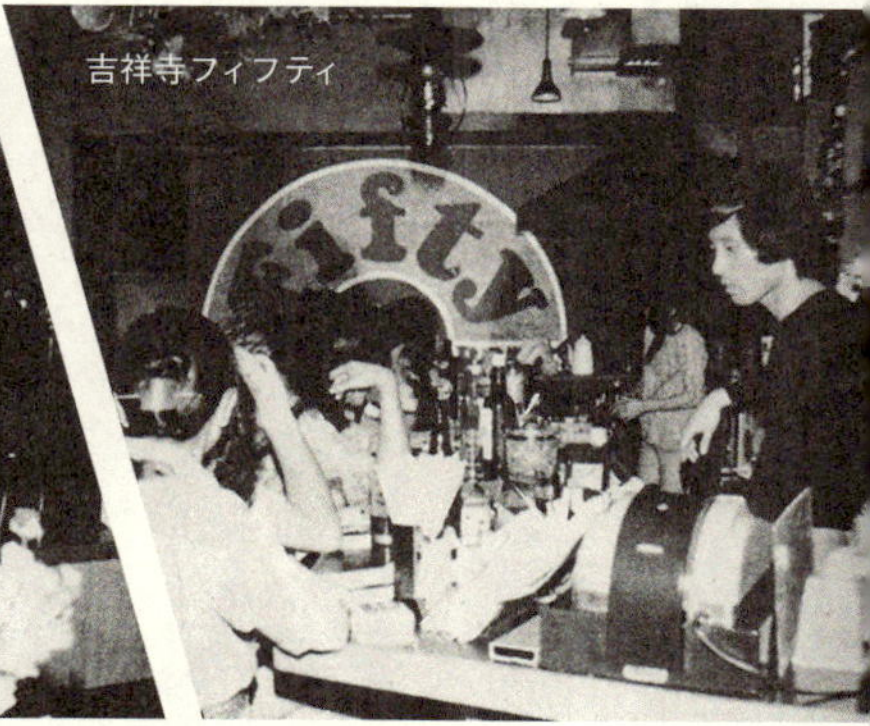
吉祥寺フィフティ

吉祥寺メグ

吉祥寺モア

渋谷・三茶・下北界隈

渋谷百軒店界隈——六〇年代けもの道

「DIG」二号店

中平穂積経営の「ＤＩＧ」第二店が新宿二幸裏についで百軒店に出来、一九六七年七月十七日のコルトレーン死亡の報を、むし暑い雷鳴の夕刻五時、いちはやく店のドアに貼り出した。

拙稿「コルトレーン・テーゼ」の冒頭を引く。

「七月十八日、むし暑い火曜日。夕刻、雷鳴。午後五時、ジョン・コルトレーン死亡の報をうける。二日前の日曜夕刊にニューアーク暴動がつたえられている。

歴史にとって、もっとも強烈で深刻な原動力は民衆の暴力である。

人間精神の力動感は革命の含有量によって決定される。

われわれは敬愛する人物の死や、敵対者がとつぜんいなくなってしまうことや、奇怪な犯罪や、国々の戦争や、注目すべき実験の局所的な制覇やらに、感動したり、動揺したり、ショックをうけたり、狂気したり、パンツなしでズボンをはいたようなおさまりのわるさをおぼえたりするが、そしてたしかにこれらの現象あるいは事実は、それ自身の力によってアピールする力が大であるが、それらはすべて、民衆の暴力がわれわれの心の基底部からつきあげてくる、心臓のビリビリするような感動、青ざめた不安の細片《かけら》を秘めた鋭い解放感のスケールにくらべれば、とても比較にはならないのである。

いかに鋭い、すぐれた表現も民衆の暴力の波がひくにしたがい、能《あた》うかぎりの後退戦をたたかいながら、時とともにその核質を腐蝕されていき、ウニのように敵対的な緊張を失い、したがってある表現なら表現が世界にしめるエロチックな関係が衰亡していき、世界の距離が遠のいていく。」（「ジャズ批評」2号）

この店は、小型トラックで乗りつけたレコード泥棒に、コレクションをごっそりやられて、中平穂積が気落ちし閉店した。警察が被害届を出してくれと言った。中平は店員と協力して、何晩かかけて盗まれたレコード二千枚のリストを作り、ちがっていたのは二枚だけだったという。

「デュエット」

チッ、頭の中を黄色い地下鉄《サブ・ウエイ》が走ってゆきやがる。渋谷とは相性が悪い。

レコード・ジャケットが、吹抜けの一階と二階の間を上下する凝《こ》った作りの「デュエット」は、慶応ボーイのたまり場であり、恋文横丁のその店がなくなったあと、東急文化村前の小さな雑居ビル地下に、小さい「デュエット」が出来て、LE8Tを使って朴《ぼく》訥《とつ》なマスターが一人でレコードをかけていたその店も、岡庭昇がマスターと口喧嘩してから足が遠のいた。台湾料理「麗郷」前の「ジーニアス」は、英国製バイタボックスの渋い音がよかったが、いつのまにかなくなっていた。百軒店へまわって、印度カレー「ムルギー」の前に、「プラネット」という商品名の、YL製のオールホーン・4ウェイスピーカー、低音もホーン長六メートルの折り曲げ式ラッパを、3D方法（音に方向性のない150Hz以下を、左右共通の低音スピーカー一本で再生する方式）で使っている「ブルーノート」という店があって、ウェイン・ショーターの「黒いオルフェ」を聴き、そんな曲はないとか、そんな店はなかったという議論さえ出たが、ショーターの「黒いオルフェ」は「ウェイニング・モーメンツ」にある。

店もまちがいなくあった。一度いったきりで、すぐ失くなった。早稲田安部球場わきの「フォービート」と、この店は正体がわからない。

渋谷百軒店「スイング」

アルテック605と「レフト・アローン」

遊廓入口のカフェ然とした、百軒店「スイング」という店は、水道橋の「スイング」とは関係がなく、もっぱらモダンジャズをかける店だった。

店主に癖があった。釣りが好きで、店の一角に畳一枚分くらいの大型水槽を置いて、自分で釣ってきた鮎を飼っているのである。鮎だ。熱帯魚なんかじゃなく。

水槽に閉じ込められた鮎は、煮干が泳いでいるようなもので、若鮎躍る元気さなんてなくて、まだ循環式の水槽ポンプなどない時代だから、店主が、バケツで水を運んではザバーッと換えていた。ジャズ喫茶の営業中にだよ。

店の再生装置は、壁バフルに近い大型密閉箱にいろんな大きさの穴をあけて、いろんな種類のスピーカーをはめこみ、メインのアルテック605同軸型のまわりに、英国リチャード・アレン製や、スイス産シャウブ・ローレンツの同軸型（じっさいはドイツのイソフォン製らしい）や国産ユニットをとりつけたもので、どれが鳴っているかわからなかった。

スピーカーというものは、鳴らしていなくても共鳴して発声しているものだ。まして同じ箱に入れておくと、ドローン・コーンになってしまう。

あるとき国産アンプを英国製クオードの真空管式に換えたところ、アルテックの605からマル・ウォルドロンとジャッキー・マクリーンの「レフト・アローン」が、目のさめるような音で鳴りだした。マクリーンがメロディをふく。マルがソロをとる。マクリーンがもう一度ソロをとる。二度目のマクリーンが、最初のときの倍ほどの音圧で、確信に満ちてアドリブする様子が見え、マクリーンがビリーのかわりに歌っているのだと錯覚して、俺はスピーカーの穴を見つめ返した。

「レフト・アローン」という盤は、ビリー・ホリデイ最後のピアノ伴奏者だったマルが、自分を「とり残して」死んだビリーを追悼したレコードだ。

アルテックの一五インチ同軸型とクオードならいい音がするのは当りまえだが、この時は、一つ箱のなかにごちゃごちゃつけた他のスピーカーの共鳴が、マクリーンの後ろに背後霊のように立つビリー・ホリデイを、ジャケット写真通りに、ひきだしたのだと思っている。

この店の主人と話をする機会があれば、元白線《しろせん》地帯があった入口の一角に、ジャズと釣りとオーディオ趣味の旅路の果てにたどりついた、男の物語を聞けたかもしれないし、あるいは凡庸なプチブルの処世哲学を聞かされて退屈したかもしれない。後者かな。アルテック604型だと思っていた同軸スピーカーが、その普及品の605型だと知ったからだ。

605だって高級品だ。ところがスタジオ・モニターとして使われていた604を、家庭でも使えるようにと、ほんのすこし磁石を弱くしたアルテック社の迷いが減点1なのである。輸入元エレクトリ社のカタログから引く。

「604E型、605B型共、同軸マルチセラーホーン内蔵複合型で、605B型は604E型に準じるユニットで立上り特性が若干異ります。」

数値的には604の低音用の磁束密度が一万三千ガウス。605のほうが一万一千ガウス、高域用のが604一万五千五百ガウス、605が一万四千ガウスと磁力がすこし小さく、「立上り特性が若干異る」というのは、604の方が歯切れがいいということだ。

604の歯切れのよさというのはスタジオ・モニター用だからで、スタジオ・モニターというのはアラさがし用なのだ。鑑賞向きではない。比喩的に言えばスタジオ・モニター用（副調整室にいて、ガラス窓向こうのスタジオで行われている演奏やしゃべりを看視する）スピーカーというのは、高回転を維持して高馬力を出すレーシング・カーのエンジンみたいなもので、ファミリー・カーには使えない。

そしてここがジャズファンの、ことに六〇年代のジャズファン心理なのだが、プロ用のスピーカーで、食いつくような顔でジャズを聴きたいのである。ますます六〇年代的だが、同じスカイラインに乗るならGT—Rに乗りたい。

アルテック604と605の差は微妙である。その微妙な差に、生き甲斐やらイデオロギーやらをこめるファン心理を、渋谷百軒店「スイング」のマスターは読みちがえたのだろう。605で妥協し、そのときどきに自分の気に入った個性のスピーカーを並べるという店主の好みが、これといって、特長のないジャズの好みにフラット化するまでの、これまでの履歴書を眺めているようで、つまりすり減った男の半生を見るようで、せっかく釣ってきた鮎を大型水槽に飼って、レコード演奏中にザバーッとバケツで水を換えるような乱暴さもあるのに、俺が微妙な一点に味気なさをおぼえてこの店から遠ざかった理由だ。

その角を曲って隣りに「ありんこ」という店があった。平凡な装置でヴォーカルを鳴らし、自然食主義を標榜する店だったが、「ありんこは小さな店です」と、紙に書いて貼り出すかまととぶりが鼻について、一度行ったきりだ。

渋谷百軒店「オスカー」

白いピアノ、山下洋輔の鼻血

映画館の横に「オスカー」という大きなジャズ喫茶があった。

国産最大級のパイオニア製ホーン型3ウェイを正面ステージにデンと据えて、大音量主義ということでは新宿の「木馬」と競った。それは家では小音量で聴かねばならないジャズファンの、欲求不満を解消するものだった。

「オスカー」という店名の由来は、隣りが洋モノ封切館だったから「賞《オスカー》」のことだろう。その物量主義で大味の「オスカー」で聴くロリンズ「アルフィー」はよかった。あのメロディはジーン・ケリー主演の映画「雨に唄えば」の変奏だろう。

それがロリンズになると、雨にうたれて身体の冷えた大柄の黒人が、公衆便所のキンカクシにすべりこんで、腰をゆすりながらジョージョーと小便をする。湯気もブワッと立ちのぼる。ユゲの道鏡なんてさ、ジャズは巨根でなければいけないということを教えてくれた。

「ありんこ」の清貧主義より「オスカー」のキンタマ主義のほうが、帰国した米兵に宛てるオンリーさんの手紙を代筆してやることからはじまった「恋文横丁」や、プロレスの殿堂「リキパレス」を有した渋谷にふさわしかった。「オスカー」は、そのリキパレスの近くに移転し、ピアノを置いて生演奏もやるようになったが、山下洋輔が演奏中に鼻血を出したのは、その店の白いセミ・グランドピアノである。

その時のメンバーは、中村誠一のテナーサックス、森山威男のドラム、ベースの吉沢元治だ。ピアノの塗装は黒ときまっていたころ、白く塗られたピアノというのはめずらしく、まあいまでもそうだろう、ときおりチェンバロみたいな木理《もくめ》仕上げや店の雰囲気に合わせた色変りのも見かける程度だが、その白いピアノを弾いていた山下は鼻血を出し、ハンカチで血をぬぐって、演奏仲間に合図してピアノを離れた。一九六七年秋のことだった。

『白く塗りたる墓』という高橋和巳のエッセイ集があったのだ。白いピアノというのはそれを連想して不吉だった。一九九三年夏のことだから、それから二十年は経ているが、俺は白く塗った墓の群を見た。

ベトナムの白い墓

ベトナム中部、ダナンから古都フエに向う途中、南北の分水嶺海雲《カイバン》峠にさしかかる前の丘陵地帯に、白い墓の群があった。白は胡粉《ごふん》を塗ったものだ。中国人の墓だという。亀甲型半地下式の石室《いしむろ》造り、福建、広東、そして沖縄の門中《むんちゅー》（墓）に見られるのと同じものだが、白塗りというのははじめてだった。ウレタン系の塗料を塗ったピアノとちがって、胡粉（貝殻を焼いてつくる白）だからボテッとして剝げやすく、ところどころ地の出ている亀甲墓が何百基、ベトナムの灼熱の太陽の下に並んでいるのは鬼哭啾々《きこくしゅうしゅう》たり。

ベトナム中部のフエ（順化と書いたはず）、ホイアン、ベトナム戦争激戦地ダナンには、中国人が多い。清朝支配を逃れてやってきた、明の遺臣たちが作った町といってもいいだろう。ホイアンには御朱印船貿易時代の日本人町があったが、鎖国によって後続部隊がなくなり、異邦にとり残されて一人減り、二人減りして亡んだ日本人町の墓も数基発見されてはいるが、丘の斜面に展《ひろ》がる白く塗られた中国人墓の群、へんな表現だが、鬼哭啾々するキョンシーたちの泣き声の大合唱にくらべると、ベトナム近世史における日本人の存在は、ほんのエピソード的なものにすぎない。

でもなぜ墓を白く塗るのだろう。ベトナムは、宗教学者山折哲雄のいう「発酵文化圏」の中心だ。豆腐、味噌、漬物、サケ（醸造酒）、茶（蒸したのを緑茶、蒸さないのを紅茶、中間が烏龍茶《ウーロン》）、そしてシオカラだ。

ベトナムのシオカラ類の豊富さは日本の比ではない。魚醬《ヌクマム》もシオカラから作る。だから人間も土葬のはずだ。ほんらいの土葬は、死者を土のカメに入れて腐らせる。腐らせ

ベトナムの国民文学。
『金雲翹伝』。

て骨を残す。残った骨を洗骨する。

白く塗った墓の群れの斜面を、車を下りて歩いたのではなく、マイクロバスでゆっくり通過しただけなのだが、ベトナム中部に逃れた明朝遺臣いらいのチャイナタウンのその裏側、生々活動するチャイナタウンと面対称する巨大な墓地＝死霊都市《ネクロポリス》には、われわれとちがう先祖の供養のしかたと、祖霊とのつながりかたを感じる。白いピアノに、白の墓を連想した感応力は、こんなところで増幅された。

渋谷「BYG」

第二次テック闘争、第二次ハンスト

「BYG」という店がある。

道玄坂を上がって、百軒店の方へ折れて、ストリップ小屋を過ぎ、インドカレー「ムルギー」の角を曲らず、そのまま円山町の方へいくと、前衛ジャズとヨーロッパジャズとサイケロックをやる大きな店があって、ここは新宿ピットインのマネージャーとしてならした酒井五郎がやっていた。バッヂをつけているスジ者《もん》だと、顔をしかめる向きもあったが、麻薬容疑で日本にとどめられたエルビンを援助した、あっぱれ仁俠のあの男だ。

一九七一年八月九日と、日付がはっきりしている。

この日はハンスト八日目。ハチ公銅像前のハンスト基地を宮下公園に追われたのを機に、明日はテックに突入する。第二次テック闘争、第二次ハンストの記だが、こういうのはリアルタイムの文章があれば引用するのがいちばんだ。あるよ。

「ころはよし、明日はテックにぶちこむぜ、情勢判断、予測、隊列点検、やつらは防衛隊―ハンスト男の担架かつぎこみという順でくると予測しているだろうから、こちらは逆をつくこと。『病人』はエレベーターで上から、本隊は時間差をかけて下から。『病人』が上のフロアから降りてくるなんてセンスは、サラリーマン野郎には予測できないだろうから、こいつは急襲だ。ジャズは、おめえ、弱拍《じゃくはく》が立って、それをアフター・ビートという。同志Fよ、きみはおいらと鎖で身体を一つに縛るかね、鎖のしっぽは柱にでも結びつけるとしてさ、トントントンとこうはこんで、それ、明日はこちらが勝つぜ。そのあとの予想は？　明日はモーターがまわるが、ギアがなければ車本体は走らないからね。会議だ、会議……場所がないって？　という議論を経てBYGの一室にわれわれが集まることになったのがその日だった。

吉沢元治が言った。『元気そうだな。おれ、地下で演奏しているよ。あしたから地方演奏に出て、ジャズともしばらくお別れなんだ。会議が終わったら聴きにおいで』弦バスの音は空《すき》ッ腹《ぱら》にこたえるから、おれがひっくり返ったらあんたのせいだぜ、と冗談を言ってから、こちらは中二階へ。彼は地下へ。」(平岡「ほんの少し……ブルースがわかった」『読書人』一九七一年九月二十七日)

「BYG」は大きな店だ。中二階の奥まったところは小会議場のようなぐあいになっている。元はなんの店だったのか、規模と構造から推《お》して名曲喫茶だったかな。

「BYG」を知ったのは「ジャズ批評」の浜野サトルから、阿部薫と吉沢元治の組んだチームが出て評判になっているという話をきいてだったが、この店の中二階が作戦会議に使えると言い出したのがだれだったか、俺は知らない。

同志Fというのは北川フラムだ。仏教彫像研究家、ガウディ研究家、のちに書肆現代企画室を興す。翌日、彼と俺は身体を一つ鎖でつなぎ、鎖の一端を結びつけた柱ごとテックの怪力男にひっこぬかれて、渋谷署に留置された。そして署で北川が第三波ハンストを始めた。

吉沢元治「陸封魚」

作戦会議がおわった。じゃあジャズを聞いてくる。八日もハンストしていればジャズにも飢える。地下に顔を出すと吉沢も一曲残すだけとなり、カセットテレコで吉沢のべースソロを収音している二人の男、防衛隊が一人つけてくれた友人、田中のケンだったか、俺、他に客が二人、これだけの人数を前にして、ベース一挺の演奏が始まった。ものすごくよかった。曲名は知らない。

型式的にはブルースではなく、遁走曲《フーガ》の技法をつかって、「ササキリ虫の鳴くどこかで、風がとぎれとぎれに子守唄を運んでくるのがきこえ、ゆったりとメロディがまわってくるたびに、ああ、わしも一つずつ年老いてゆく…」とうまいこと当時の俺は書いていたが、元治のソロアルバム「陸封魚《インランド・フィッシュ》」にはいっているメロディの一節だったろう。

小栗という戦死した兵の遺作を、深沢七郎が弾いた「糸車」という曲があるが、カラリコトコトと糸車がまわるギターの音に、時間が細く糸のように巻きとられてゆく感覚と、吉沢元治のベースソロが似ていたように思う。

「どうもありがとうございます。これで今日の演奏をおわります」とアナウンスして吉沢は楽器をしまった。これがいちばん強く印象されている、渋谷のジャズである。

三軒茶屋、下北沢めぐり

三軒茶屋「ダンモ」

いまじゃ「サンチャ」、「シモキタ」と言うのかい？　俺は一九七〇年代の最初の五年間、その近くに住んでいたが、あまりパッとした町ではなかった。

下北沢はサウナとパチンコの町だった。ショーウィンドウで錦蛇《にしきへび》を飼い、店頭で三島由紀夫自決時の演説をBGM代りに流し、整形美人の店員を大勢傭《やと》い、スランプ（出たり出なかったりの山谷）のきついパチンコ屋があった。

渋谷圏の三軒茶屋に「ダンモ」という店があった。世田谷代田に住んでいたころ、散歩がてらに行った。夫婦でやっている店だった。

ジャズ喫茶独特のアクの強さを避ける風が見える店で、演劇好きではないかと思うマスターの、というのは小劇団公演のポスターやチラシがいつも店内にあったからだが、その選曲に前衛ジャズが多いのである。サニー・マレイやジュゼッピ・ローガンのESP盤、アート・アンサンブル・オブ・シカゴなどだ。

シカゴ前衛派やサン・ラ方舟楽団《アーケストラ》は演劇的である。そういう音楽が平凡に鳴っている。そのジャズのありかたが、日本の無名無数のアングラ劇団の、チラシやポスター類とつりあっていた。

下北沢もアパートから同じくらいの距離だったが、七〇年代中頃のその時代には、芝居小屋のあつまる鈴なり横丁もまだで、駅裏マーケットには、闇市の感覚が残っていた。

若林の劇団「天象儀館」

三軒茶屋からほど遠からぬ若林に、劇団「天象儀館」が居を構えていた。ここにも歩いて行けた。男の劇団員たちは大型の清掃車を使って、深夜の幹線道路の掃除、ほら、

上　豊浦志朗＝船戸与一の第二著『叛アメリカ史』表紙写真。写っているのはパンチョ・ビリャ軍の少年兵。

下　DJ記録、『一番電車まで』表紙。

夜中になると黄色のランプを点滅させながら、巨大な回転モップでシャーッと道を掃除してゆくアルバイト、女の団員たちはキャバレーにショーダンサーとして働きに出て、金を稼ぎ、共同生活をしていた。そして稽古《けいこ》し、銀色ドームで公演する。シネマ・プラセットの前身である。

　荒戸源次郎が主宰者で、座付作者の上杉清文、作曲家杉田一夫、万能児・秋山ミチヲ、助手の桜木徹郎、男優では夢村四郎、大久保雄司、女優は紅沢ひかる、宗像笙《むなかたしょう》、江の島るび、ビビ、舟山……ごめん、あの劇団は女優がすてきなのだが、名前を思い出せない。天象儀館ファンも多くて、南伸坊、末井昭、大和屋竺、池内紀、松本健一らだ。上杉清文がこの劇団に提供した戯曲は『紅のアリス凶状旅』『紅はこべの伝説』『食卓の騎士』『思国貴種流離譚《くにしのびきしゆりゆうりたん》・大西郷不帰行《グレートサイゴウ・ノーリターン》』『笑い猫』『水銀姫《みずがねひめ》』である。

　若林時代、この劇団は、ハワイ―グアム―ミクロネシアを結ぶ太平洋民の、独立運動家ロオ・ヤンを黙って置いてくれた。これらの島は太平洋上のアメリカの植民地だった。ハワイ独立運動というのもあるのだ。

　俺の全領域的同志上杉清文と知りあったのが、この時期一九七〇年代はじめの天象儀館だった。

目黒「チャバン」――一九七六年

DJで一番電車まで

道場帰りに自分がやったDJのことも出しておこう。道場帰りのDJは、俺の真剣勝負だ。

最初の目黒の深夜ジャズ・スナック「チャバン」でやったシリーズにしよう。場所は目黒の大鳥神社近く、時間は一九七六年三月から六月、水曜日の稽古の終わったあと、当時の俺は黄色帯である。

漢字をあてると「茶房」だろうか、「茶館」のなまりかもしれない。「茶館」は中国の寄席だ。布川徹郎が行きつけの店で、ジャズを中心になんでもかけた。雑誌、漫画、書籍の類が置いてあって、書籍についてはリサイクル交換所みたいな役割で、自主映画上映会、小劇団公演、イベント類のパンフレットやチラシがあずけられて、軽く食えて、飲めて、議論ができて、一番電車まで過ごせるスナック。

ジャズのレコードがけっこう揃っているが「ジャズ喫茶」とうたわないのは、おおげさな再生装置、千枚以上のLPコレクション、三回きくと飽きるが二回までは相槌の打てるマスターの処世哲学といった、老舗ジャズ喫茶の権威主義を、客や店主が嫌ったからだ。まさに乙なのである。

甲乙丙丁とランクがあって、トップの甲を嫌って二番目の位置で洒落たことをやる美意識を、江戸人は乙といった。そんな深夜ジャズ・スナックが、七〇年代の中期にはあちこちに、ジャズ喫茶の十倍はあったのであり、深夜営業のそういう店を必要とする人種が、ジャズ喫茶の常連客の百倍いた。

「フリーター」という語はまだなかった。かれらはもっと正確に自分たちを定義した。すなわち、ルンペン・プロレタリアート。そういう店のマスターも客も、どこにつながるかといえば、見当がつくでしょ、全共闘運動だ。

九時に稽古が終る。シャワーを浴びる。飯を食う。目黒駅に向う。駅から権之助坂を歩いて「チャバン」にはいる。十一時過ぎに開始だ。帰りの電車はない。布川徹郎のマンションに泊まった。布川チームNDUは「バスタード・オン・ザ・ボーダー」にとりかかっていた。

一九七六年はアメリカ建国二百年である。アメリカはベトナム戦争の痛手を、建国二百年祭でとりかえそうとしていた。南部出身のジミー・カーターが大統領になった。アメリカの国内では、北部工業地帯から南部サンベルト地帯への権力移行《パワーシフト》が進行していた。

単純に言えばニューヨークからカリフォルニアへのシフトだ。

このパワーシフトは、少数民族を叛アメリカ史の側へとシフトさせることを必然とする。これもひらたく言えば、インディアン、黒人、ヒスパニック、東洋系の反乱と、白人権力による市民社会へのとりこみのせめぎあいだ。

アメリカに内乱の兆しあり。合衆国内乱は、少数民族反乱を発火点に、第二次南北戦争として燃えひろがるだろう。アメリカ建国二百年を期して、自分たちはベトナム革命の永久革命化を荷う革命的記録者《ドキュメンタリスト》として米本土に渡り、南軍を志願する。布川は気宇壮大なものだ。

「バスタード・オン・ザ・ボーダー」の主要スタッフ。監督布川徹郎、助監督小野沢稔彦、製作崔洋一、撮影長田勇市、インタビュー構成豊浦志朗。

深夜スナックはかれらにも必要だった。かれらは「チャバン」に、俺のDJを聴きにきてくれたよ。DJ記録『一番電車まで』（ブロンズ社、一九七七年六月）の目次をかかげる。

序にかえて・言文行みな一致

アタウアルパ・ユパンキの世界

恋とサンバとサウダージ

ハードボイルドとファンキー・ジャズ

歌謡曲リラクシン
ソウル・ミュージック特集
ブルース・リー物語・実技つき
Tokyo Jazz Scene　幻のセッション
アフター・アワーズ

渋谷百軒店「SUB」——通り雨

恋文横丁、アジア的湿度

「DIG」の二階に「SUB」があった。

「SUB」で佐武《さぶ》を読んだ。ホモ雑誌の「サブ」ではない。佐武というのは目明《めあか》しの少年、市《いち》はその相棒で、盲目の剣術使いだから、座頭市イミテーターである。

「SUB」は渋谷では古い店で、店名由来は、黄色い地下鉄《サブ・ウェイ》によるのだろう。昭和三十年代初めまで、東京の地下鉄は浅草～渋谷間の銀座線一本しかなかった。浅草―上野―

神田―銀座―新橋―赤坂―青山―渋谷を結ぶ近代主義《モダニズム》があった。

「SUB」はマンガ喫茶のはしりでもあった。ほんらいはジャズ喫茶ではなかったろう。天井から六面体のスピーカーボックスを吊《つ》るし、あちこちへ再生音を放射していた。前面のスピーカーコーンが前に出るときに、裏側のスピーカーコーンがひっこむようにした擬似呼吸球というのだが、音のハンマーが鼓膜を打ちつけるようにして聴くのを好む、ジャズファン向きのやりかたではない。

山のように積まれた漫画本と、天井から吊るされた六面体スピーカーは、私小説くさい渋谷の別の一面を残していた。

「SUB」に上る階段に、小さなスピーカーボックスがついていて、往来に音を流し、階下の「DIG」の扉のあけたてとともに、店内から流れてくる音と、二軒のジャズ音がミックスされて、ジャズ・ストリートらしい雰囲気になったのは、このあたりから井の頭線神泉駅にかけて、白線地帯だったことの名残りだと思っている。

目黒川わきの焼肉「天安館」、恋文横丁の台湾料理「麗郷」、百軒店の印度カレー「ムルギー」と、いずれも煉瓦《レンガ》作りのがっちりした料理屋が点在している渋谷という町は、どこかに戦後闇市のアジア的な匂いを保っている。「SUB」というジャズ喫茶は、そのアジア的湿度を受けついでいた。

「音楽館」

「音楽館」を、「SUB」の後身といえるかどうか。

場所は同じだ。建物は建て換えて新しくした。使っている音響装置は同じだろう。見えるところではガラードのターンテーブル、SMEのアーム、壁バフルのように埋めこんで、黒いサランネットの下にかくされたアルテックに、グッドマンのドーム・ツイターを加えた硬めの音は、「SUB」の後期と同じだ。

「SUB」は天井から吊っていた多面体擬似呼吸球スピーカーを、最後のほうはやめていた。

昔の百軒店をなつかしんで、ごくたまに「音楽館」へ行くと、雰囲気がクールで、これは別の店だと思う。経営者も代替わりしたのだろう。モンクのブラックホーク実況盤を聴いていて、にわか雨の百軒店をおもいだした。夕立ちだったんだろう、あの激しい雨は。

アスファルト舗道にはねかえって、小さなキノコ型のはねのあがる雨は、角を曲って百メートルほどの間にたちまち衣服にしみとおり、濡れそぼけたねずみみたいに「SUB」に飛びこむと、年老いたマスターが黙ってタオルを出してくれた。手と顔と胸をふいた。壁を叩く雨音と、ジャズのまじった音に身をゆだねてコーヒーをのんでいると、自分がアメリカ映画の一コマにはめこまれているようになった。

なにか空気が濃かったのだ。マンガ本がつみあげられているこの店に、アメリカに帰ったＧＩ《ジーアイ》の恋人に出す手紙を、代筆してもらう恋文横丁の悲哀が、揺曳《ようえい》しているような感じがした。

さっぱりしてクールになってしまった「音楽館」でモンクを聴いて、なんでそんなことを思い出したのか自分でもわからない。外へ出ても、百軒店の妖しさというものはなくなっている。

石ノ森章太郎『佐武と市捕物控』とコルトレーンの死

『佐武と市捕物控』が手にはいった。

相鉄線天王町駅近くの古本屋、「ぽんぽん船」のワゴンの中に四冊揃いではいっていたもので、マイナーなところで見つけたでしょ、一九八八年七月一日―十月一日初版第一刷（四冊とも毎月一日発行）、小学館発行の上製本で、新品のようだ。倉庫に眠っていたものが、在庫整理で流れてきたのだろう。一冊百円だった。

渋谷百軒店のジャズ喫茶「ＳＵＢ」で最初に読んだときは雑誌だった。一九六〇年代の末、この一帯を、紐育《ニューヨーク》52番街的喧騒と呼ぶものもいた。かつて、ここから井の頭線神泉駅にかけての白線地帯の入口が、百軒店だったのである。

壁際にメリケン・コミックと漫画本が、山のように積みあげられていた。マンガ喫茶というものはまだなかった。雨音とジャズとマンガ本にかこまれて、ジャック・レモンとシャーリー・マックレーンの出たアメリカ映画「アパートの鍵貸します」の一コマにはめこまれたような気分になったのは、このときだ。

上司の昼下りのほんの一刻の情事のために、自分のアパートの部屋の鍵を貸すサラリーマンの哀しみをコメディータッチで描いたもので、マンガ本がつみあげられてジャズの鳴っている「SUB」のその日には、帰国したGIの恋人に出す手紙を代筆してやる学生たちのいる恋文横丁の、いかにも戦後的な哀歓が揺曳しているようだった。

それが一九六七年と記憶していたのは、百軒店へ行ったとき、雷鳴の日だったが、コルトレーンの死が紙に書かれて、「DIG」の入口扉に貼り出されていて、それが死亡日翌日の七月十八日の第一報だったからだ。

入手した四冊本の『佐武と市捕物控』には、一九六七年のものはなかった。一九六八年四月の「隅田川物語」がいちばん古い。四冊本は発表順序に従わずバラバラだから、時系列で並べ直してみる。

一九六八年四月「隅田川物語」、六月「氷の朔日《ついたち》」、八月「狂い犬」、十月「刻《とき》の祭り」、十二月「椋鳥」。

一九六九年三月「血と雪」、四月「春の絵」、七月「晩い夏」「熱い風」、九月「芒《すすき》」「弐百拾日」、十月「忍び」、十二月「鴉《からす》」「北風は黒馬の嘶《いなな》き」。

一九七〇年三月「稲荷火」、四月「花祭り」、六月「蛇の目」、七月「行水」「怪談呪いの黒猫」、八月「海鳴り」「夏の詩」、九月「叢雲《むらくも》」「名月や池をめぐりて夜もすがら」、十月「紅葉狩り」「一重」、十二月「北風の道」。

一九七一年一月「七福神」、五月「燕《つばめ》返し」、七月「炎天の死」、九月「鈴虫」、十月「てくるま」、十一月「木枯が吹いて冬がきた」、十二月「氷の罠」。

一九七二年一月「大山鳴動鼠鳴く」、三月「おぼろ夜の濡れ縁」「ねこやなぎじんちょうげ」、四月「散桜記《ちりぬるを》」。

この「散桜記」は、佐武配下の下ッ引銀平が担当している、侍殺し事件の犯人で、銀平の自決と銀平が助けてやった娘の、これまた自殺で終わっている。将軍家献上の白魚

全三千五百ページ余の、石ノ森章太郎の最大長編だという。これは小学館の四冊本。

漁業権をめぐる佃島漁師と小網町漁師の対立に端を発する「隅田川物語」と、「散桜記」までの五年間で話は完結しているようだ。

途中、抜けている月や、逆に重複している月があるのは、出来次第発表するという契約ではじまったとか、何誌かに並行して掲載されたとか、臨時増刊があったというようなことなのだと思うが、初出を見ていないのでわからない。「ＳＵＢ」に足を運んで読んだときにはすでに単行本化がはじまっていた。

杉浦日向子、ガロ、谷川雁

手元の小学館発行第一冊目（一九八八年七月）には、杉浦日向子の解説がある。この年、彼女は「風流江戸雀」で第三十四回「文藝春秋漫画賞」獲得。時代考証に彼女の目がとおっていることも感じられるので、連載開始の一九六八年に、第十三回小学館漫画賞に選ばれたこの作品が、二十年後に四冊本として復刻された際に、杉浦日向子の助言をとりいれて狂歌川柳の類を入れたり、一枚絵（広重の浮世絵が下敷）を描き加えたりしたこともあるだろうが、彼女は無名時代から「佐武と市捕物控」に加わっていたと見る。

杉浦日向子が「ガロ」で、マンガ家デビューするのは一九八〇年「通言室乃梅《むろのうめ》」であり、それ以前は、本来志望の江戸考証家だ。日向子の存在によって「佐武と市」の江戸考証は正確である。

一九六八年。ますます上等だ。組合活動のために座頭市の刀法が必要だった。

「憎悪に盲いた者には座頭市殺法は実践的な模範である。なぜなら、喧嘩は目がくらんだほうが勝つのであり、冷静な者は負けるからである。」（「市民座頭市」）

という文章を、俺は佐藤重臣編集の「映画評論」の一九六八年夏に発表し、ストライキ闘争にはいった。テック闘争という。もともと半端左翼の、といっても安保ブンドくらいいたがね、転び中間管理職連中なら、目えあいていたって斬れる。しかし専務取締役の谷川雁は、目えあいていちゃ斬れない。やつが労組つぶしにくりだしてくるいろんなテクニックは、目をあいているとひっかかる。目をつぶって待ち、接近した一瞬に、相討ち覚悟で斬りゃあ、うまくいけば勝てるだろう。

俺が逆手斬り刀法が面白くて「佐武と市捕物控」を読んだ夏の、次の夏、「晩い夏」という作品について伊藤比呂美が書いている。

「初期の『晩い夏』に見開きを一コマにして、市が斬りあいをする場面がある。中央より高いところで地面が区切られ、そこから下は夏草がびっしり繁茂している。上では、静かに、じつに静的に、市が数人の男たちを斬りたおしている。背景はベタである。動きをあらわす線や効果音は入れられていない。人の動く音は一切感じられず、叢《くさむら》の中の虫のね、植物のいろだけが感じられる。」（伊藤比呂美「いちめんの雨」、一九八四年弓

立社『感情線のびた』から、『マンガ批評大系』第二巻に転載)
手許の版で見ると、このシーンは一頁半の見開きという手の込んだ描き方になっている。残りの半頁に、市が、連続して七人の侍を屠る各コマが一コマずつ描かれているのである。その前の頁で、佐武と市は、月夜の晩に十一人の刺客にとりかこまれる。月が叢雲《むらくも》にかくれる。「へ、へへ、暗闇ならこちらの手のうちだ」という市のセリフがある。これは座頭市のセリフ、提灯をふき消したあと、「これで五分だ、見当つけて斬ってこい」の踏襲である。闇夜になった。そのとたん市のほうからしかけて、十人の侍を連続してなで切りにする。
一人は正面から首を仕込杖で貫く。二人目はひきぬいた仕込杖を後ろに送り、ひじテツのように後ろの敵の胴を刺す。三人目は人間の胴にささった刀身の状態を、あたかも鞘《さや》に収まった居合斬りであるかのようにみなして、アッパーカットで正面の敵を下から斬り上げる。回転して四人目の背後にまわりこみ後ろからわき腹をひとなぎ。さらに回転して正面から五人目の男の首筋へバックハンドの逆刀斬り、踏みこんですれちがいざまに六人目、そのまま駆けぬけて七人目。
月明りも消えて、刀をぬいてはいるものの、案山子《かかし》のように棒立ちになっている侍たちの間を、カマイタチのように駆けぬけて斬り捨てるのだ。市の動きは加速していっている。

そして次のコマが一頁半の見開きの「静かに、じつに静的に、市が数人の（描かれているのは十人）男たちを斬り倒している」一枚絵になる。石ノ森章太郎は、勝新座頭市をよく研究している。映画ではこのあと、座頭市がくしゃみを一つすると、十人の侍がザドと倒れ伏し、虫も鳴きやむ。一瞬のうちに、十一人の刺客のうちの十人を市が屠り、一人残った首魁《しゅかい》を佐武がとらえる。

猟奇、江戸の夏、銭形平次

一九六九年七月発表の「晩い夏」という作品は、七夕、両国の川開き、草市、大川の灯籠流しとつづいて、秋に近づいてゆく江戸の一夏を舞台の猟奇事件が主題だ。石をくくりつけられた若い女の水死体が大川に浮く。同心田村輩下の岡っ引き伝八と、そのころはまだ下っ引きだった佐武が検屍する。この夏、しきりに若い娘が失踪する事件に関係すると佐武はにらんだ。市に相談すると彼も同意だ。川底に潜ってみねえな、なにか手がかりがあるかもしれねえよ、と市は言う。

これも映画座頭市を引いているようだ。第一作「座頭市物語」で市が沼沢で釣りをしていて重いものをひっかけて糸が切れ、釣りをやめてひきあげたあとに、飽きられて助五郎に斬られた情婦《いろおんな》の死体が水底から上がってくるのが一つ。それ自体は「東海道四谷怪談」の戸板返しの趣向を踏まえたものであるが、座頭市シリーズでは、なぜか市が水泳の名手で、水中殺法を何度か見せるというのが二つめだ。

現場に急行する市が、佐武に仕込杖の一端を引いてもらうというのも座頭市と同じ。相手が味方なら市は鞘のほう、警戒しなくてはいけない人物なら相手が鞘のほう。逃げれば市の手に抜身がのこる。

佐武は大川の川底に潜る。水底に女の屍骸がおり重なって沈んでいる。この種の猟奇趣味は座頭市にはないし、大川に身投げしようかという場面の多い落語にも(「文七元結《もっとい》」「星野屋」「船徳」「もう半分」「おせつ徳三郎」など)、川底の水死体との対面というのはない。

この夏の連続婦人誘拐事件は、安達右京太夫という幕閣につらなる旗本の息子、竹丸というのが癩病で、生娘の血を吸って生きているからだ。安達という姓は、娘の生肝をとる安達ヶ原の鬼婆にちなむか。

癩病とは書いていないが、眼だけ残して全身を包帯でおおった竹丸の姿は、時代劇に登場する癩患者の類型である。業病とか天刑病とか言われ、患者が隔離されたこの病気が、病原菌によるものであり、治癒可能であることがあきらかになって、かつての差別と隔離収容が政府によって謝罪されたのは、小泉政権のプラスの一つであった。

この作品の副主人公は、三両一人扶持という微禄の徒士、荒川文之進という若侍である。右京大夫の走狗《そうく》になって出世したい。利根という妹がいる。兄を諌《いさ》めるがききいれられず、それほど出世がしたければ、自分を右京太夫に差し出せという。いっぽう佐武の方も許婚者《いいなずけ》のみどりを囮《おとり》に一味に探りを入れる。利根とみどりは右京屋敷の座敷牢へ。その夜、佐武が忍んできて牢番を倒し、二人の女を解放。逃げる佐武、追う侍の一団。闇の中に市が待っていた。既述の殺陣《たて》となる。市に斬られた侍の中に荒川文之進もいた。兄の死体の前で利根も咽喉を突いて死ぬ。いやな捕物だったぜ、と佐武はつぶやき、灯籠流しを描いて幕。

佐武が、許婚者みどりを囮にして右京太夫一味にとらえさせ、伏魔殿に乗り込むというのは、野村胡堂『銭形平次捕物控』第一話「金色の処女」を下敷にしたのだろう。三代将軍家光に怨みを持つ連中が、音羽護国寺の奥院で呪殺の黒ミサ様《よう》のことをやり、その犠牲《いけにえ》に美人をさらうというもの。銭形平次は存外な猟奇趣味からはじまっている。

長雨、蘭医、懸想

一九六八年六月の「氷の朔日」というのがまた猟奇的な作品である。梅雨時である。長雨に市のカンも狂う。たえまない雨音が市の耳のカンを狂わせるのだ。市やん、長雨で気がふさぐのはおまえだけじゃないよ。するてえとあっしも人並ってわけか、と市が言う。そんな言い方はやめてくれ、と佐武は声を大きくする。これが「隅田川物語」につぐ作品二作目だとしたら、なかなかの心理描写。

雨の中、野犬が女の生腕をくわえて通る。

梅雨が上った。若侍二人が下城の途中である。梅雨があけると貴公は氷献上役の大役がある。出世コースだ、うらやましいと一人が言う。富士の山奥から切りだした三尺四方の氷を、江戸の将軍に届ける役だ。曇天の下でも三尺四方に切りだした氷が江戸に着いたときは二寸四方だ。烈日下、溶けてしまったらお役目失態。今年の氷献上役如月《きさらぎ》源之助は、氷を溶かさずに届ける方策があると薄笑いする。

佐武と市が縁台将棋をしながら雑談している。こないだ野犬がくわえていた女の腕は、ゾッとするほど冷たかったそうだ。まるで氷の中から出てきたようだった。この日、梅雨どきの最後の雨が降る。

蘭医池田抱庵の屋敷である。長崎留学から帰ってきた秀才だ。市をひっぱって佐武が抱庵をたずねる。この男の目は開くか。市は尻ごみする。自分はその医者に診てもらうのがこわい。だめだと言われるのがこわい。また二十何年間暗闇の中で生きてきた自分は、治ると言われ、治って急に明るいところに放りだされるのもこわい。このあたり桂文楽の落語「心眼」を思わせる。

市をはげまして佐武は抱庵に見せた。治るぞ、手術をすればよい。まぶたを切って神経をつなげばいいんだ。手術は小半刻（三十分）もあればおわる。無料でやってやる。自分としても、外国で学んできたこの手術に成功すれば、江戸中の盲人の半分を治せるんだ。この人こそ神みたいな人だ。市と佐武は抱庵の手術にゆだねた。手術は成功した。あと二十日間、日陰でじっとしていればよい。その間に光を見ると視力は永久に失われるよ。市は麻酔で眠っている。顔に包帯があてられて冷やされている。佐武はそのつつみに触れる。氷だ。この夏になぜ氷が……？

佐武は抱庵の庭を散歩する。池のほとりに、さらわれた薬種問屋の娘のかんざしが落ちていた。

抱庵は顔の左半面が焼けただれていた。いまその顔の半面があきらかになる。地下牢に薬種問屋の娘、弥栄がとらわれていた。抱庵は弥栄に懸想していた。弥栄は薬を買いにくるたびに、しつこく自分を眺める抱庵がきらいだった。

富士で氷の切り出しが行われている。その徒労を、今年の氷献上役如月源之助は冷笑して監督している。働け働け、人足ども働け。氷は蘭医池田抱庵屋敷の地下氷室にあるのだ。家老がみこして蘭医屋敷の地下に巨大な氷室を作っておいた。富士の氷を江戸に運び込んだことにして、小さな氷塊を千両で売るとはボロい商売。

抱庵はなびかぬ弥栄に業を煮やして、蘭医屋敷の秘密を見せる。氷室をあける。解剖中の男女が七体ある。わたしの言うことをきかねばおまえもこうなる。「ここなら、死体はいつまでもくさらない。私はここで、女や男の仕組みを学んでいるのさ。私の、私のこの顔を笑った女どもの身体をな。」

『解体新書』、東大全共闘、美人大量殺戮

前野良沢、杉田玄白らが小塚原で「腑分け」をしたのが一七七一年、『解体新書』刊行が一七七四年、安永年間、田沼賄賂政治時代だ。

蘭医池田抱庵は、天使の顔と悪魔の顔を持っていたのである。氷室を発見した佐武は、抱庵の半面の正体に驚愕しつつ、追いつめる。市は闇を疾駆する黒馬の悪夢を見ながら麻酔からさめる。こどもの頃、彼は馬にひっかけられて失明したのである。

氷室での佐武の戦いに、燭台が倒れて屋敷が燃え出す。薬種問屋の娘を救け出した佐武は、庭で侍たちにかこまれて苦戦している。彼の武器は先を尖らせた十手と、分銅を紐で結んだ鎖鎌のようなもので、逮捕道具であり、乱刃には適さない。

市が助けにくる。カンが狂っている。この包帯がいけないのだ、と市が佐武の制止をふり切って包帯をとる。燃え上る炎を見る。彼は最終的に失明した。しかしカンが戻った。抱庵をふくめて、市はすべての敵を斬った。

この第二話の「氷の朔日」は、猟奇の理由においても、すなわち一方は生娘の生き血を欲し、他方は人体解剖を行って医術の進歩をはかるという善悪両面性においても、善と悪の反転しあう相克においても、佐武と市の性格の描きかたにおいても、「晩い夏」以上の作品である。それは次のような六〇年代的性格を持っている。

東大全共闘は医学部からはじまっている。医療の資本主義的利潤追求と、仁術の間にはさまった医学生、インターンらが、人の生命というものを前に考えこんだ。

蘭医池田抱庵は悪人として市に斬られて死に、斬った市は、自分が、天使のような存在だった抱庵を斬ったことを知らない。市もまた知らぬうちに光明のくる道を断ったのであり、以後無明の闇に生きる。自己否定論の変種だろう。

「氷の朔日」「晩い夏」にあらわれる美人大量殺戮は、一九六六年のシカゴ看護学生八人殺人事件の印象のはずだ。スペックという男によって起こされたこの事件は、若松映画「犯された白衣」を生んだ。

『佐武と市捕物控』が開始された一九六八年は、ベトナム反戦を軸に世界的に左翼攻勢のピークである。

白戸三平、手塚治虫、さか恨み

あと一つ、石ノ森章太郎作品から、一九六八年の白土三平『カムイ伝』に通じる内容の作品があって、佐武がいかにして下ッ引きになったかを語る「刻《とき》の祭り」（六八年十月）という章を紹介する。

江戸を舞台の『佐武と市捕物控』のなかで、佐武が生れ故郷の甲州巨摩《こま》郡私市《きさいち》村に帰って活躍するといういうめずらしい話だ。

佐武は故郷の姉が病気ときいて急ぎ帰る。市のところへ、三太という少年が、佐武の居所を探すあやしい三人組がいることを知らせる。ひとりは盲人、ひとりは片耳で、顔に深い刀傷のあるやつではないかい？　そうだよ。そいつらは鬼道組だ。佐武やんを仇と狙って島抜けをしてきやがったんだ。一人旅の佐武が危ない。

市は佐武がやっかいになっている目明しの伝八親分のところに行く。伝八は痛風病みで、連載の途中で佐武に目明しの仕事を譲って引退、伝八の一人娘みどりが、連載のしまいの方では青年目明し佐武の妻になっている。市は按摩と事件解決の報奨金で暮らしている。大鼻の伝八のキャラクターは、手塚治虫漫画の平手造酒《ひらてみき》に似ており、市はアルコール・ランプ氏に、佐武はサボテン・キッドに似ていないでもない。石ノ森章太郎は、手塚治虫漫画工房に在籍したはず。

伝八が鬼道組と佐武の宿縁をくわしく語る。二年前の佐武の一番手柄だった。鬼道組の居場所をつきとめたのが伝八親分。伝八に逆襲してみどりを人質にした鬼道組をとらえたのが、佐武の分銅投げと市の逆手斬りだった。短槍使いのせむし男、鎌を使う片耳の男、十字手裏剣の盲人、吹針の片眼の男と、鬼道組は身障者からなる集団で、市と対決しながら市を仲間に入れようとする。

「不自由な者は不自由な者同士、助けあわなくちゃなるめェ!?　なあおい、どうだい。おめえ、おれたちの鬼道組に入らねえか」。

そのとき佐武の投げた分銅が、相手の武器にからみつく。せむし男が市を襲う。倒れこんで地に投げ捨てた仕込杖をひろいあげざま、市が短槍をつかんだままの相手の両腕を断つ。残りの三人は捕えられた。佐武は言う。「苦しんでるのは何もあんたたちだけじゃねェ。世間にはまともな者だってもっともっと苦し……んで……」と佐武は言いよどむ。この言に生き残った鬼道組三人はさか恨みした。かならず戻ってきて報復すると言った。

佐武は伝八親分の下っ引きになった。彼が江戸に出てきたのは父親の仇を探すためだった。母は父の後を追うようにして死んだ。

夏祭、親の仇、罪人

佐武が江戸に出て二年、故郷に残った姉早苗が危篤だという飛脚の便りに、佐武が旅立ったあとを、島抜けしてきた鬼道組三人が追い、また佐武を守るべく市も甲州へ旅立つ。途中、善光寺詣りの講中らしい盲人の集団とすれちがう。このシーンは「座頭市血笑旅」の再現である。シリーズ第八作目のこの作品で、座頭市の首を狙うプロの殺人集団ぼろんじ党が、鬼道組の下敷のようだ。

佐武が着いた故郷は、夏祭りの季節で池の水の潤沢な山の上村と、池の水を水門でしきられて水枯れの、谷の下村の農民の水争いの季節でもある。姉は死んでいた。佐武は貧しい谷の下村の出身だった。父親は武士を捨てて百姓になった人物で、水門を閉ざして下の村に水をまわさない因業名主にかけあいに行って、地主の用心棒の浪人者に斬られて死んだ。

佐武は旅の絵師、立川兵衛に飛刀の術を学んでいる。細紐に結んだ錘《おもり》を投げて魚や兎を獲り、分銅を投げて枝にからげて果実を採る。その師立川兵衛が浪人者で父の仇だったのである。

山の上村の百姓衆が、大神楽の仮面をつけて夏祭りに浮かれる時刻を狙って、谷の下村の衆は血盟して水門を切っておとす覚悟。佐武は狐の面をかぶり名主に近づき、これを刺殺しようとする。十手捕縄をあずかる身であることを捨てて、父の仇の片割れを殺そうとするのである。佐武が名主を刺殺しようとする鼻先に、十字手裏剣が飛んで名主を殺した。仮面をつけて群集にまぎれていた鬼道組のしわざだった。

三人組は交互に言う。佐武よ、二年前おめえが吐いたのはこんな名台詞《セリフ》だったはずだ。

片耳の鎌使い「不幸なのはおまえたちだけじゃねェ」……

十字手裏剣男「おまえたちの理屈は盗みや人殺しを弁解するためのへ理屈だ。しいたげられている者は、世間にはまだまだいっぱいいる」……

鎌使い「へっ、なるほど、おめえたちの暮らしっぷりを見てそれはよくわかったぜ。しかしな、おれたちの言うこともまんざらうそじゃねえんだぜ」……

手裏剣男「その証拠に、見なよ、おめえの殺しそこなった、おめえたちをさんざっぱら苦しめていた、そのブタやろうをしまつしてやった」……

鎌使い「おれたちはこいつが心から憎かったから殺《や》ったんだ。おめえの気持ちはよくわかるよ、おれたちも百姓の生まれだからな」……

鎌使い「だがしかしだ、それとこれ（佐武への復讐）は別口だ」……

　口に針を含んでいる吹針男のセリフはない。そのとき、谷の下村の衆がひらいた水門の水が奔流となって堤を破り、土石まじりの水が村祭りの広場を襲った。その土砂流の中で市は鬼道組三人を斬る。因業名主の死後、その娘が今後は山側の村と谷側の村に公平に水を流すことを約束して巨摩の水争いはとりあえずのピリオドがうたれ、二度と戻らぬ故郷の村のはずれで佐武は市に言う。「おいらはあの時本当に名主を刺すつもりだった。十手捕縄を懐中に持っているというのに……。人間て奴はかんたんに〝罪人〟になれるもんだネェ」

　鬼道組が正しいのではないか。

悪を制する悪、正義、謎

　悪がある。地主であり、権力と結託した大商人であり、立身出世を第一義として友を売るような青年たちである。

悪を制する悪がある。鬼道組である。被差別者である。かれらは金持を殺すが貧乏人は殺さない。悪を制する悪が強盗殺人という犯罪であるがゆえに、それを倒すことが正義と信じる青年目明しがいる。佐武だ。市はこれとすこしちがい、一つは報奨金稼ぎのプロとして、二つは眼が見えないという不安をはらいのけるために、カンと推理によって事件を解明するという合理論への信仰によって（闇の中の合理論という一条の光への信仰）、悪人を斬るのである。

ところで鬼道組からすれば、佐武と市こそ権力の走狗《イヌ》ではないか。

全篇を通じてこの問題は解けない。佐武と市は自分を納得させられない。江戸市民の人情がいかに細やかであろうとも、都会の歳時記的抒情がどれほど優しかろうと、佐武は没我できないのである。任務には忠実だ。しかし任務に没我できない。

発表順作品リストの最終作「散桜記《ちりぬるを》」は、佐武配下の下っ引き銀平の正義感が亢《こう》じて、女を手籠《てご》めにしようとした侍を刺殺してしまう話であり（のち銀平自殺）、小学館版四冊本最終作はそのことを強調してか、「てくるま」という一九七一年十月の作品を最後に持ってきて、それは、「てくるま（ヨーヨー）」にしこんだ毒針で人を殺すという事件の糸口を佐武がつけたところで、幕閣から捜索打切りの命令がきて、すでに下谷竜泉寺の親分と呼ばれるようになった青年目明し佐武が、自分たちも権力にあやつられる「てくるま」に過ぎなかったと、つぶやくところでおわる。

伊藤比呂美が『佐武と市』全体を象徴する情景を、「雨」ととらえたことは正しかった。

「雨をどのコマにも降らしつづける。見開きをつかって雨が降っているだけのコマをかく。梅雨、しぐれ、夏の雨、と雨のかき方も雨あしの強さもかきわけられる。その中で統一した一つの情感ができあがっていく。情感の中で、石ノ森章太郎が表現したいとこだわる心情――劣等感とか孤独とかいうものがかたまっていき、その二つに添って、キャラクターやストーリーが動いていくのである。」

こう言われてみると、渋谷百軒店でとつぜんのどしゃぶりにあい、「SUB」に飛び込んで、室内のジャズ音を打ち消すほどの外壁を叩く雨音をききながら、壁際につみあげられた漫画本から『佐武と市捕物控』をひっぱりだしたのが、この作品に熱中する機会になったという自分の記憶も、そのとおりだったと思う。

木枯のなか、佐武が弥蔵をきめて自身番を出る場面やら、子を死なせた母が吹雪の中にさまよい出る場面やら、心中とは風景と同調するいとなみである、という名文句を吐いた朝倉喬司も、佐武と市を読んだのではないかと思わせる一面の薄《すすき》の原の中に、ぽつんと、虫のように死んでいる一組の男女やら、灼《や》けつく陽ざしの波打際で、市がこれも盲目の剣鬼と斬り合う場面やら、いい絵柄が多くあるなかで、佐武と市を象徴する情景は雨、と断じる理由は主人公二人の心理がそうだからだ。

カルチェラタン界隈

飯田橋河畔「スイング」

ニューオリンズ的倦怠の快楽

飯田橋河畔の「スイング」で、ニューオリンズ・ジャズを聴いた。

国電駅舎わきの磨《す》り減った石の階段を踏んで、台湾料理屋の前をぬけて、そこからさらに何段か下りて、ミシシッピ的湿度を連想させる、外壕のしめり気を皮膚に感じながら、古い喫茶店の扉を押すと、聴こえてくるざらざら砂っぽい針音の中から、ギャングのひいきと、浮かれ女のうす情けによっかかって、あまり深刻ではなく、あまり頭も使わず音を出している、トランペットやクラリネットやバンジョーの、フランス的に頽廃した音を知るには、この店に来るしかなかった。

アルテックのバレンシアを使っていた。サッチモやジャック・ティーガーデン、ビックス・バイダーベック、そしてベッシー・スミスのブルースを聴いたのが、レイジーなこの店だった。

ニューオリンズ・ジャズと、ディキシーランド・ジャズは、やはりちがう。後者は、サッチモ以前のジャズを敬慕したシカゴの白人学生たちが、ニューオリンズの曲目と演奏スタイルを模倣しはじめたジャズ、という定義が正しいだろう。スイング・スタイルになると、はっきりと白人的だ。だから、そういうように聴こえるのが正確な鑑賞法ということになるのだろうが、不思議なことに、飯田橋河畔の「スイング」で古いジャズを聴くかぎり、ジャズ史にはじめて、はっきりした白人的特徴をしるしたビックス・バイダーベックまですべて、クレオール音楽にきこえる。

この店はかっこうの隠れ家だったよ、味方からの。敵に襲われたら壕に飛びこむしかないが、自分一人になりたいときには、オールド・ジャズというのはバリヤーになるらしくて、あんな場所の、あんな音楽は、ギャングが出そうでいやだという左翼もいたの

ジャンゴのギターは、自分の背丈より長い
あきらめの影を背負っている。
なんちゃって。

である。

映画の観すぎだよ。ギャングなんて出ないよ。出るのは幽霊だよ。

この店は、同じ飯田橋界隈というのでは変らないが、法政大学に上る坂の途中に移り、ジャズバーっぽいつくりの店にかわったが、松田修教授をたずねたあとに、ふらっとはいってみると、いきなな深川、こうとな神田、人が悪いは飯田町というごとく(「こうと」の語義不詳だが、浄瑠璃本に出てくる江戸的な価値をしめす語で、ピリッと薬味がきいたというような意味か)、すれっからしの町、飯田橋でぼけぼけの古いジャズを鳴らしつづけている店の反時代性に、変更はなかった。

あるとき、ジャンゴ・ラインハルトがかかって、はじめてジャンゴのジプシーギターを聞いたらしい青年が、びっくりしたような顔で立って、かかっているレコードの横文字のジャケットを読んだ。店の主人は、フランス文学好きなのかもしれないと思ったが、たしかめていない。ニューオリンズはフランス植民地だった。

ジャンゴは、ベルギーとフランスを旅したジプシーだ。クレオールではないが、ジャンゴにあるフランス的なものが、この店自体の選択性自我、古いすべてのジャズのクレオール音楽化という磁力を受けたのだと考えたのが、この店で俺が考えたことの最後で、次に行ったときには店はなかった。

そうそう、六〇年代はじめのジャズ雑誌「スキング・ジャーナル」を見ると、「スイング」の所在地は水道橋となっており、講道館近くの地図も出ているのでまちがいないだろうが、そうするとこの店は水道橋、飯田橋、法政大学下と、同じ地区を転々としたことになる。

中大正門前「マイルス」――一九六〇年十一月

あったのか、幻か

もうちょい前の話をしよう。

クラシックを主に聴いていて、ジャズはたまにという、十代最後の年の思い出だ。

安保闘争一九六〇年六月。
三池闘争一九六〇年七月。
山谷暴動一九六〇年八月。
看護婦スト一九六〇年十一月。

マイルスは、どこで聴くのが最高という、きまったところはなくて、なにしろ、やつのキャリアはバップの一九四五年から、一九九一年に死ぬまで出ずっぱりという長さだから、いつでもどこでもいいのだが、俺が最初にマイルスを聴いたのはいつどこで、ということになるとあやしい。

記憶では、一九六〇年十一月の中央大学正門前「マイルス」で「ウォーキン」を聴き、その店は、四角ではなく角店《かどみせ》の五角型という変形の部屋で、カウンターの両わきにスピーカーを置き、プレイヤーはニートの二五センチターンテーブルを使った中級品、そのわきに立てかけられたジャケットは、オリジナルの「歩け」の信号が緑色にともっている盤だった。

その信号は、縦目玉二つのモノクロ写真で、下の方の目玉に、緑色に彩色された「歩け」の灯がともっているというものである。紐育《ニューヨーク》の歩行者用ゴーストップ信号は、こんなものがあるのか。信号は赤緑黄の三色のはずなのに。

この話をすると、中大正門前に「マイルス」なんて店はなかった、という意見がでた。中大前ではなく、神保町の「スマイル」ではないのか、と。

「マイルス」と「スマイル」じゃ、一九六五年ショーター時代の「マイルス・スマイルズ Miles Smiles」になっちまう。

一九六〇年十一月は、まちがいないのだ。看護婦ストの帰りだからだ。御茶の水の順天堂病院に応援に行った。終って、聖橋を渡って、そのままニコライ堂の方に直進して、坂を下りて右折して中大正面へ歩いてくると、正門前の道路が打ち水がしてあって、角に五角型の二階家があって、その階下が「マイルス」だった。

ジャズが流れていて、俺は入った。

遠まわりして聖橋を渡ったのは、椎名麟三『永遠なる序章』をおもいだしたからだ。小説冒頭、主人公砂川安太は、聖橋の上から煙草を投げ捨て、小さな火が深く暗い空間を蛍火のように落ちて行くのを眺める。彼は肺病だった。背にした病院を出てきたところだった。

病院ストの応援に行って、小説の一場面をおもいだしたのだが、この記憶のなかで、自分でもへんだと思っているのは、十一月に打ち水などするものだろうかということだ。この話をDJ「メシ食ってます!」収録中のスタジオで、佐久間駿にすると、「東京の商人は、冬でも埃っぽい日中には打ち水をしたものです」と言った。

相倉久人とのジャズ対談で中大前「マイルス」の話をした。読んだ友人からこんなFAXが来た。

「……聖橋から小川町交差点へ下って行った左側の角の一階に(中大の向い)ありました。小生当時(一九五九―一九六三)日大理工学部駿河台校舎に通学していましたので、何度か行った記憶があります。但し、ガンガンかけるいわゆる『ジャズ喫茶』でなく、BGMにダンモをかけるコーヒー屋で、可愛いウエイトレスがいました。尚『スマイル』は靖国通りを越した小川町の一本裏通りのジャズ・ヴォーカル中心の店でした。」

スリー・ブラインド・マイス・レコード社長、藤井武からの通信である。

これをきっかけに、ハマのジャズ男三人衆の議論がはじまった。中大前に「マイルス」なんて店はなかった、あれば自分は行ったと言うのは柴田浩一で、この本のために、マッチ箱のコレクションを提供してくれた彼は、学生時代、彼も日大法学部なのだが、ジャズ研に属し、当時からエリントン研究では並ぶもののなかった、ロイ・ヘインズ顔の首を横に振った。

藤井武もあとに引かない。いいや、あった。ラグビー仲間で、フランカー（スクラム第二列左右両端）のやつが、店のウエイトレスに惚れて通ったのを、ぼくは何回もついていってやった。

デモ屋の俺は一回だけ、看護婦スト・ピケットライン第二列の防衛が終った足で行って、「ウォーキン」を聴いた。

四十数年前の、白山都電通りの舗石のぐあいまで知っている三人の、だれも嘘は言っていないのだから、この謎はどう解きますか。

四谷「いーぐる」

カラテ稽古帰りにサラ・ヴォーンを

四谷の「いーぐる」にはカラテ稽古帰りに寄った。

当時葉山住いだったので、九時に稽古が終りシャワーを浴びて道場を出て、池袋から山手線を半周して品川へ、品川で横須賀線に乗り換えて逗子へというのが最短路だったが、新宿で中央線に乗り換えて四谷で途中下車し、「いーぐる」で一時間くらい聴いて、東京駅十一時五十八分発最終逗子行に間に合うように出た。

なぜ迂回して四谷に出たのか、自分でもおぼえていない。

四谷で初めて逢うた時、好いたらしいと思うたが因果な縁《えにし》の糸車、と新内仕立てにするのは後の知恵で、「サ・シ・ペレレ」という、当時は唯一のサンバの店が、その日休日でかわりに「いーぐる」に行ったものか、そのずっと前、上智大に用があってその帰り、伊達政保と来たときにコルトレーンの「ヴィレッジ・ヴァンガード」実況盤がかかり、一曲目「スピリチュアル」が歓喜の演奏だということを伊達が発見したことを思い出したのか、アーメン学校の上智大に、伊達好みのスピリチュアルな女子大生がいたのかどうか、俺のあずかり知らぬところで、俺のほうは昔のことを思い出して寄り道をしてみたくなって、谷底の駅に降り立つと、汗と雑念をしぼり切った五感に四谷の夜のほの暗さがよかった。

サラ・ヴォーンの「ジム」をおぼえている。クリフォード・ブラウンが伴奏したやつだ。「いーぐる」はアンプのとりかえを検討中で、何種類かのトランジスタ式と、真空管式を比較試聴していた。

ヴォーカルに何をかけようかと店主が言った。A面最後の「ジム」はどうかと俺は言った。アンプをつなぎかえて聴いた。みんなよかった。

そういう機会は一回だけだったが、四谷「いーぐる」でぎりぎりまで過ごし、総武線各停、秋葉原で山手線と乗り継いで、この時間には東京駅直通の中央線快速はおわっているからだが、丸の内側から東京駅地下の横須賀線ホームに下りる、長い長いエスカレーターがまたいいのだ。小学生時代に愛読した小松崎茂『地球SOS』の一シーン、長い長いエスカレーターの途中で、地下から上ってくる宇宙人のスパイとすれちがう場面をおもいだしたこともある。

「いーぐる」店主、後藤雅洋はジャズ評論もやる。過日会ったとき、彼は、道場帰りの俺がジャズのリズムに合わせて手技の練習をしていたと言った。そりゃすまなかった。

他の客に迷惑だったろう。言われておもいだしたが、俺はジャズにあわせて、鶏口《けいこう》、弧《こ》拳《けん》、掌底《しょうてい》、貫《ぬ》き手などの拳のにぎりかたを工夫しており、細かな動きをチェックしていた。

後藤雅洋は言った。私も近頃道場に通いはじめましてね、正道会館（K1の母胎）の道場です。ジャズ雑誌に載った彼の座談会写真を見ると、手の表情に、彼も黒帯を取ったのじゃないかと思っている。

四谷三丁目「ホワイト」——一九七七年

革命思想、エンターテインメント、黒帯

目黒「チャバン」の一年後に、酒場「ホワイト」でDJをやる。このとき俺は茶帯一級。黒帯取得をめざして体力、気力とも充実していた。

「ホワイト」は酒場だ。朝倉喬司が、講談社記者会の息ぬきの場所になっていた四谷のその店に、案内してくれた。オーナーの宮崎三枝子が優秀な女性で、毎週水曜日の深夜をDJのために使わせてくれた。水曜深夜というのは、記者会連中には一仕事おわって

ホッと一息つく週刊誌校了日、俺にはカラテ稽古に東京入りする日だった。

三つ目標をたてた。一つは知力・気力・体力の限界に挑むこと。二つはペテルブルグ労働者地区のサーカス小屋におけるレオン・トロツキーの演説、および紐育《ニューヨーク》ハーレムにおける「オーデュボン・ダンス場」のマルコムXの演説を目標に、革命思想をエンターテインメントとして語ること。三つはその二つを遂行しながら黒帯をとることである。

DJ記録『クロスオーバー音楽塾』（講談社、一九七八年十一月）の目次をかかげる。

プロローグ・正明スピークス！
エンブレイサブル・ユー、パーカー系宇宙
暗いはしけ、ファドの謎を追う
天才與《と》白痴、香港歌謡曲シーン
ハーダー・ゼイ・カム、レゲの夜に
国頭大福《くんじゃんでえふく》、琉歌はカリブ海にぬける
吹けバルグジンの風よ、ロシア民謡の黄昏
アフター・アワーズ、恋の気分で

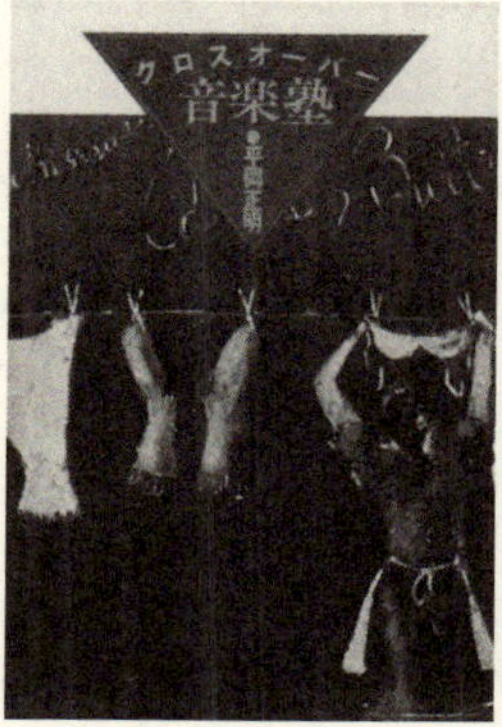

DJ記録『クロスオーバー音楽塾』。

神保町の喫茶店

神保町「響」

神保町では「響」に行ったが、中学生のころから出向いているこの町では、ジャズ喫茶は、古本探しの疲れ休めに入るコーヒー店の一軒に過ぎない。

白山通りの一本裏にある「李白」は店主が京華高校の先輩で、モーツァルトの室内楽やバロック音楽を小音量で鳴らしているこの店は、「ドガ」「モーツァルト」「李白」と店名が変ってきたし（マスターは同じ）、「ラドリオ」は蚊の鳴くくらいの音量でシャンソンを流し、店内に文士のたまり場という雰囲気がただようのも、この店が島木健作の兄さんの経営だからであり、「ラドリオ」の前の「ミロンガ」という店は、稀少なタンゴ喫茶であり（あと一軒、信濃町に「タンゲーラ」というタンゴ喫茶があった）、古本をかかえて足休めに寄るそういう喫茶店のジャズ版が「響」だったが、それでもこの店のスピーカーが、ＪＢＬのシングルコーンＬＥ８Ｔ―２ウェイのランサー１０１―４ウェイモニターの４３５０と順次大型化しながら、いずれもＪＢＬで三代変ったのにつきあった。

「響」のマスターは大木俊之助といい、ジャズ評論も書く人物だ。スピーカーにＪＢＬのランサー１０１を使っている時代が、いちばん学生街のジャズ喫茶らしかった。ランサー、槍騎兵。スピーカーボックスの天板に大理石を使い、前面グリルに切子細工の組格子をはめこみ、三五センチ低音用と１７５ホーンを使ったこのスピーカーは、名称どおりの突撃力があった。スピーカーはドアを開けて、店の一番奥の天井近くの棚に置かれていた。店を改造し、スピーカーをＪＢＬ最大の４３５０型に換えたときから、この店の雰囲気が変った。

４３５０は棺桶くらいある横置きのモニタースピーカーで、三八センチ低音二つ、二五センチ中低音一つ、音響レンズ付175系中音域ホーン、075系ホーンツイターによる4ウェイ、これを二台並べると入口の横、外に植込みのあるガラス張り壁面一杯になる。ドアをあけて、いきなり巨大スピーカーの横をすりぬけて中にはいるという雰囲気に落ち着かない。巨大スピーカーから出てくる音にとりとめがない。

神保町学生街も中大が去り、日大文理学部が去り、専修大が去り、残るは明大だけになり、街全体にとりとめがなくなった。

そんな街と、巨大すぎるJBLモニタースピーカーに、「響」の店主は疲れたのではないか。

ジャズ喫茶店主はオーディオに凝《こ》る。シングル・コーンのLE8Tからはじめ、2ウ

学生町神保町を、カルチェラタンなどと称した時代の雰囲気が、このマンガチックな「響」のマッチ箱のデザインにある。

ェイのランサー101に満足し、さてその上の、工芸品みたいなパラゴンをのぞけば、JBLの最大最高価のモニタースピーカーを入れて、これでよしと思ったところ、思うような音が出ず、自分の鳴らしかたがわるいのではなく、そもそも4ウェイはJBLの迷いであり、4350型は失敗作ではないのかと疑問に思って、疲れが出たのではなかろうか。

俺も失敗作と見る。ウエストレークという会社が、JBLのユニットを使って4ウェイのモニタースピーカーを成功させた。ロック用のモニタースピーカーだったろう。そのあとで、JBLが同じ構成の同じような4350を作った。本家が分家の真似をしたのでは定見がなさすぎる。

銘器は2ウェイに出るといわれる。

アルテックA7型、同軸型の604、英国ではヴァイタボックス、五味康祐の推すタンノイ、池田圭スタジオで現物を見ただけで音を聴いたことはないが、ドイツのジーメンス・オイロダイン、そして国産では三菱305型は2ウェイだ。

品格とか個性といったもので、2ウェイの銘器に張りあうのは、英国製のダブルコーンスピーカー、グッドマンのアキシオム80や、ローサーの磁石の塊みたいな8インチだ。JBLは、オリンパスあるいはパラゴンという客間用の、工芸品みたいな3ウェイの逸品を出していたが、モニタースピーカーは2ウェイでおした。それが突然、4ウェイのモニタースピーカー、それも低音は別のアンプで駆動する製品を出した。なんのためのこれまでの音響《アコースティック》的な工夫だったのかと、ＪＢＬファンは怒るだろう。ハーツフィールドのバックロード・ホーン箱も、かたつむり型フロントロード・ホーンともいえるパラゴンの、精緻をこらした曲面も、ホーンスピーカーにつける蜂の巣型音響レンズも、振動板位置よりも仮想音源を前に出して、ウーハーの音像とそろえる傾斜型音響レンズも、分割されたスピーカーを、一個のスピーカーのように感じさせるための工夫だった。

そしてＪＪ氏的考察

俺も散歩と雑学が好き。

ＪＪ氏ってなんだったのだろう。

神保町で古本を買って、植草甚一の書題、というよりスタイルを想っている。『ぼくは散歩と雑学が好き』……。

ＪＪ氏『植草甚一スクラップ・ブック』（晶文社）は一九七九年十二月二日の死の直後、一九八〇年三月の別冊『植草甚一の研究』をもって、四十冊＋別冊で完結。本の数なら俺も負けないから、二人あわせて百四十冊としよう。同時代に百四十冊の本を書いた二人のジャズ批評家が、二回しか顔をあわせたことがないというのはへんだ。仇同士なんかじゃないよ、ぜんぜん。

一回目は一九六七年九月の「ジャズ会議」のときだ。相倉久人がマネージを任されていた新宿四丁目のジャズクラブ「ジハンナ」を舞台に、三日通して討論と演奏を行ったその一日目、植草甚一はパネラーとして登場し、自分の発言がおわるとピアノの脚の間にすわりこんだ。

小柄な人なのでおあつらえむきにはまりこんだ彼の姿に、「樽犬先生」を連想した。アレクサンダー大王の師となった哲学者だ。広場の一角、陽当りのいい場所に大きな樽を転がしてきて、犬のようにねそべっている哲人をディオゲネスといった。

出演交渉に行ったのだから、頼みごとをする側の礼儀として経堂の植草邸へ出かけていったのだが、雑誌グラビアに荷風偏奇館の再来のように、廊下といわず、階段といわず、本や雑誌類が天井まで積みあげられ、あるいは浴槽につかりながら読書している写真で見知った、植草邸の記憶がない。

二回目は、神保町交差点の岩波書店信山社だ。日付はわからない。神保町交差点で、このビルの上の方の階で、植草甚一とブラック・パワーに関する講演をしたことを思い出したのだ。

やりにくかった。植草甚一はジョニー・ホッジス顔の目を、宙の一点にすえて、空中に思い浮かべた原稿用紙に、一字一字書きこむように語るのである。

それだけだ。コンサート会場でも、ジャズスポットでも、試写室でも、芝居小屋でも、書店でも、画廊でも、喫茶店でも、出版社でも、放送局でも、旅行先でも、電車の中でも、散歩の途中でも、もちろん老人たちがサロンがわりに利用する病院のロビーでも、JJ氏に会ったことはない。電話もしなかった。たがいに活字の上だけの存在なのである。

日本橋のジャズ評論家、本郷のジャズ評論家

へんだぞ、何かの手が動いているみたいだぞ。そこで年表をつきあわせてみると、JJ氏は一九〇八年、日本橋の生れだ。東宝に入社して字幕スーパーを担当したり、宣伝課にまわったり、探偵小説の翻訳や映画評論をやって、ジャズ評論は一九五八年から「スキング・ジャーナル」に開始。五十の歳でジャズ評論開始ということになる。

俺は彼のジャズ評論は、初期のものから読んでいる。一九六七年に晶文社から『ジャズの前衛と黒人たち』を出版。これが彼の単行本処女出版。ジャズ評論の連続的・集中的執筆は六〇年代でおわる。一九七〇年からは映画、探偵小説論、ポップアート論、散策記、旅行記、都市論に重心が移る。

『植草甚一スクラップ・ブック』40巻から、彼のジャズ書をぬいておく。

12『モダン・ジャズのたのしみ』、13『バードとかれの仲間たち』、14『ぼくたちにはミンガスが必要なんだ』、15『マイルスとコルトレーンの日々』、24『ファンキー・ジャズの勉強』、25『ジャズの十月革命』、26『ジャズは海をわたる』、35『ジャズ・ファンの手帖』、36『J・J氏のディスコグラフィー』、37『フリー・ジャズの勉強』、38『「ジャズ・マガジン」を読みながら』(数字は巻数)。

十一冊が一九六〇年代に集中しており、七〇年代にはいって植草甚一の書いたジャズ論は、七三年にビル・エバンスに関して短い二本、エリントン自伝の紹介が一本、チャーリー・クリスチャン追悼が一本くらいか。JJはジャズ論は六〇年代でやめたとしていい。

俺の方は一九四一年本郷生れ、一九六四年『韃靼人宣言』が処女出版、ジャズ評論は一九六七年の「ジャズ批評」創刊号に「ジャズ宣言」を発表したのが最初だから、六七—七〇年の四年間は、植草・平岡はジャズ批評家として重なっていたことになる。俺は『ジャズ宣言』一冊だったが、相倉久人とのコンビもあって、ドスがきいていた。ジャズ業界の利害に関係ないという点で両者はジャズ評論家とは言いにくい存在だろうが、JJ氏と俺が一九六〇年代にやったことは、まさにジャズ評論である。同時代思想最重要課題としてのジャズ、これだ。

二回しか会っていないのかね、ほんとうに。

人口一千万都市というのは、そういうものなのだろう。俺は世田谷代田に住んでいた。

ＪＪ氏は経堂に住んでいた。小田急線で三駅の距離だ。毎日のように同じ線に乗っていたはずだ。

江戸っ子、ニューヨーク、ベトナム人娼婦

第二は江戸ッ子の旅下手だ。『植草甚一スクラップ・ブック別巻』の年譜にこうある。

「一九六四年（昭和三九年）、五六歳。この年の秋、名古屋の内田修氏の招きに応じ、戦後はじめて箱根を越える。……一九七四年（昭和四九年）、六六歳。四月一日、初の海外ということで、ニューヨークへ渡る。三か月半滞在。」

この最初の海外旅行紐育《ニューヨーク》行きで、エピソードを一つ残している。

『植草甚一スクラップ・ブック』の一冊。表紙絵の白人ブルースマンは、アーロー・ガスリーか？

それまでのジャズ・スポット実況演奏コンサート評の紹介、ミステリー翻訳を通じて紐育地図がすっかり頭にはいっていて、ＪＪ氏は一度も道に迷わなかった。そして彼は、シスコのチャイナタウンの一角にあらわれたベトナム人娼婦を目撃している。これはベトナム戦争における敗戦米軍とともにベトナムを脱出したサイゴン市民のボートピープルが、米本土に渡り、はじめ内陸の篤農家たちの庇護下におかれるが、やがて都市部に出てきて、女が娼婦として街に立つのを見かける頃、男はベトナム・マフィアないしは対米報復者として登場するだろうという、船戸与一、布川徹郎の予測の最初の現認例となっていることである。

この予測から船戸与一は、ほら、まえに言ったベトナム革命の永久革命化（※――註＝目黒「チャバン」参照）、米本国に亡命した旧南ベトナム政府軍兵士が、自分たちを見捨てた米軍高級軍人への報復を、米国内で、ベトコンのゲリラ戦のように継承するという小説『非合法員』（一九七九年、講談社）を産む。

六十六歳ではじめて海外旅行したＪＪ氏が、はやくもベトナム人娼婦の登場を現認したのは、まるで奇蹟のような話である、と言うと、アメリカへ行ったことのないジャズ評論家のあんたのほうがめずらしい、と布川徹郎は俺に言った。

そうなのかね。

「旅下手」とはいうものの、古くは芭蕉『奥の細道』、下って一九『東海道中膝栗毛』

をはじめ道中記、旅の随筆等を江戸人はずいぶん残しているのを見ると、江戸ッ子かならずしも旅行が下手くそというわけではなく、むしろ江戸文学は、観想と思索の文学ではなく行動文学ではないかと思うくらいだが、江戸は諸国諸人がやってくるところであって、江戸から外へわざわざ行くまでもないという、天下意識があるためだ。

江戸の掃溜見物

なるほど、楽しみは江戸市中でこと足りると思わせる文章を引こう。井上ひさし「藪《やぶ》原検校《はらけんぎょう》」で、盲目の学者塙保己市《はなわほきいち》（保己一が本名だがこれは小説）に歌わせるものである。

「春の花見に潮干狩り、夏の花火に蛍狩、秋の月見に紅葉狩、冬の雪見に兎狩、そのほか時候と場所問わず、掃溜《はきだめ》見物江戸の町。江戸城見物丸の内、唐人見物八重洲河岸、奥女中見物一ッ橋、月の出見物田安門、忍者見物半蔵門、国会見物永田町、晒し見物日本橋、鱗《うろこ》見物大船丁、富士山見物駿河町、このあたりで、盲太夫の声が入ってきて、保己市との一行ずつの掛け合いとなる。

刀見物北鞘町、馬の見物伝馬町、悪人見物小伝馬町、踊り子見物橘町、芝居見物木挽町、神輿見物鳥越町、猪牙船見物柳橋、見世物見物両国橋、観音見物浅草寺、陰間見物六軒町、喰い物見物浮世小路、花魁見物仲之町、陰部見物床の中、心中見物向島、白魚

見物佃島、古着見物柳原、白雲なびく駿河台、植木見物茅場町、番町見物皿屋敷、死体見物地獄谷、居合い見物田原町、助六見物花川戸、長兵衛見物幡随院、けころ見物仏店、火事の見物広小路、女子大見物お茶の水、お墓見物谷中道、桜見物飛鳥山、仇討見物高田馬場。見物《みもの》の多き江戸の町、見物するうち時は経ち、あっという間に御臨終。葬式四谷の源徳寺、墓は港区青山墓地、目明きの光陰矢の如《ごと》し。

……というわけで、晴眼者は一生見物々々で時を無駄遣いし、結局碌《ろく》な仕事は出来ない。そこへ行くと盲人は、見物できるのは夢くらいなもの、この夢も睡眠との二本立てですから時間の無駄になりません。」

ごらんのように、江戸人は散歩と雑学が好きだった。世界史的に見ても類のない封建制度の安定のもとに、ツケとカオの消費経済で、江戸人は都会生活を享楽できたのである。

江戸ッ子の旅下手の典型として馬琴をあげたい。彼は『八犬伝』の執筆に二十八年をかけながら、一度も房総へ行かなかった。南総里見家の居城は半島尖端の館山にあるが、館山はおろか千葉にも行っていない。俺だって館山のレストラン「コンコルド」には二度行った。一度のロケハンもせずに、八犬伝を彼は想像力で書いた。執筆の途中で馬琴は失明している。そして早逝した息子の嫁に文字を教え、彼女に口述し、書きとらせて八犬伝を完成させている。

盲人の夢、木琴の音

井上ひさしが塙保己市の口をかりて「盲人は見物できるのは夢くらいのもの」と言わせているのは、厖大な『群書類従』を仕上げた盲目の百科全書派、塙保己一だけではなく、曲亭《きよくてい》馬琴も念頭に置いているのだろう。

馬琴と保己一の比較は、八犬伝の執筆が二十八年間、『群書類従』にいたっては四十年かけて正篇五百三十巻、続篇千百八十五巻プラス目録一巻、計千七百十五巻というスクラップブックをまとめあげたという、集中と持続を比較すべきだが、両者が盲いていたという点に注目したのは、俺が座頭市崇拝者だからだ。

馬琴は六十八歳で右目を失明。七十一歳時、左目もほとんど見えなくなり、七十四歳、天保十二年、八犬伝が完成した年には完全に盲いて、その後七年間、無明のなかで生きながら、一子宗伯の嫁お路に文字を教えて口述筆記しつつ、未完の両大著『近世説美少年録』と『開巻驚奇侠客伝《かいかんきようききようかくでん》』を書き進めながら八十一歳で死んだ。

晩年の馬琴が盲いていたということに注目したもう一つの理由は、馬琴は音楽的な作家ではなかったかと感じたことにもよる。馬琴の音楽性なんてことは、だれも言っていないが、『三七全伝南柯夢《さんしちぜんでんなんかのゆめ》』の現代語訳を担当したときに、読本《よみほん》とは声を出して読むものではなかろうかと、試してみたところ、直接話法を使わず、間接話法を用いて進めるストーリーのなかから、上は室町幕府管領家から、下は放浪芸人に至る、重臣、奥方、若侍、盲人、木樵《きこり》、踊り子、幼児、駕籠かき、商人、悪人輩《ばら》の諸階級諸身分の言語が、重層して交響する馬琴の文章力に驚倒した。

三勝半七心中は、かつて大阪千日前で、垢すり女（湯女《ゆな》）三勝と、奈良の商人の息子半七が心中した実際の事件に取材したもので、浄瑠璃の「艶容女舞衣《はですがたおんなまいぎぬ》」になり、下っては江戸の新内「三勝半七千日寺名残鐘《せんにちでらなごりかね》」になってメロディも残っているところから、馬琴伝奇小説への、新内論的アプローチを俺はやったので、馬琴の音楽性は立証できただろう。また曲亭遺品に愛用の木琴があったことにも注目した。

当時の主力楽器は三味線である。『三七全伝南柯夢』の最初の章は、本邦三味線伝来記でもある。その三味線ではなく、笛でもなく、木琴を愛用したというのはめずらしい。思うに、彼は市井の活きた音、ものうりの声、諸階層の人々の会話のピッチ、感情による声の調子のちがいを、音程の狂いのほとんどない木琴を叩《たた》いてたしかめながら、音によって世界像を構築している姿が見えるようだ。

江戸ッ子の旅下手と、盲者の想像力を、小さな木琴がつないでいたといえまいか。

「江戸趣味」のクロスオーバー

江戸の夜の静かさが想像できる。

シャリーンという火の用心の金棒の音（拍子木に変ったのはだいぶあと）、虚に吠える犬の遠吠え、ジジジという行灯の灯心の燃える音、灯をしたって行灯にぶつかる蛾の羽音……こどものころ母親に、夜爪を切ってはいけないといわれたのは、失われた江戸の夜の静かさの名残りだったろう。夜爪を切る音は魔物を呼ぶからと、迷信深かったが、静かにしていれば魔物のほうで遠慮して、人間の世界には出てこないと信じていた。

植草甚一は、年老いてから清元を歌ってみたり、狂歌の一首もひねるという「江戸趣味」なしで、江戸ッ子だった。江戸の外には出ないという旅下手の反面、ご町内では無類の散歩好き、なんのためにとつきつめないまま、骨董品や市井の人々の残した随筆を集めて、江戸学を雑学として大成させた三田村鳶魚に通じる考証好き、五十歳にしてミンガスにいかれて、ジャズにいれあげるという新しもの好きは、勝海舟、榎本武揚の海外事情通に似通うところがあり、勝らが明治政府派遣の赤毛布《あかげっと》たちより、はるかにすぐれたおのが見識を惜しんで、一呼吸ののち明治政府の御意見番になったことにくらべて、二君に仕えずとそっぽをむいて、明治ジャーナリズムの魁《さきがけ》となって、明治貴顕《きけん》の野暮天ぶりを笑った元幕府騎兵奉行成島柳北や、幕臣上がりの福地源一郎、すこし時代が下って、モーパッサンと江戸趣味のクロスオーバーを楽しんだ永井荷風につらなる形の、典型的な江戸ッ子である。

時代にそっぽを向くことで、トップランナーになるというやりかたがあるのだ。ただし植草甚一は、関東大震災で背骨をへし折られた江戸ッ子だ。『植草甚一自伝』にいわく。

「明治三十七年までに生れた下町ッ子は、十八になったころも商人の景気がよかったので、ある程度までならお金をわりあいに使って遊ぶことができた。ところが、明治四十一年生れの者は十八のころになると大正十二年の関東大震災の影響を受けて、たいていの商人は没落しはじめるから、あんまりこづかいがない。だからケチ臭い人間になっていく。」

植草甚一が明治四十一年の生れである。生家は日本橋小網町の木綿問屋「松甚」。十八の年に、甚一青年は安普請にペンキをぶっかけたような、震災後東京のバラック文化の中にさまよい出て、それから五十年間流される。軍隊には行っていない。映画とミステリとジャズであるが、映画は少年時代から、ミステリの翻訳は早稲田の学生時代から、その後は東宝映画にはいって、宣伝や字幕の仕事をし、双葉十三郎の引きで映画評論に手を染めるようになって、一九四九年、四十一歳時、「キネマ旬報」「映画の友」「スクリーン」等に毎月執筆するようになる。ジャズ評論家になったのは一九五八年、五十歳の時だ。

反時代的精神、喫茶店文化

植草甚一スクラップ・ブック四十冊を読んで驚くことは、彼がひたすら受動性のもとに自分の五十年間を記録しつづけ、我執も、方法意識も、おそらく主体性も捨ててかかっていることだ。

日本橋の若旦那が、一人前の男として世に出ようとした十五歳時、関東大震災にぶつかり、リベラリストとして著作活動をはじめようかというとき、戦争にぶつかる。コンラッド・リクターの小説『樹海』を翻訳して、三笠書房から出版した年が一九四一年、太平洋戦争開始の年。関東大震災と太平洋戦争を含む二十世紀の五十年間を、なまじの体系的思想をもって立とうとすれば、粗大ゴミ化しかねないなかで、よく植草甚一のニヒリズムは、反時代的精神たり得た。

神保町の喫茶店について、植草甚一が回想していることを引用しよう。

「いまでも信じられそうもないが、昭和三年ごろの東京には喫茶店が全部で二百軒くらいしかなかった。これはぼくが昭和五年ごろまで喫茶店めぐりをやった結果の数字であって、ほぼ正確だといえるのは当時『あいつは喫茶店ゴロだよ』という相手を軽べつした学生ことばがあって、ぼくはその一人だったからである。

自慢ではないが東京の喫茶店は全部ちゃんと知っていただけでなく、その店でコーヒーを飲んでいる。どこでも十銭で角砂糖を使い、グラニュー糖はまだなかった昭和初期の三年間が喫茶店の勃興期だったとは、どんな本にも書いてないが、出来たての店を捜して歩くのはどんな人が始めたんだろうという好奇心も手伝って面白かった。

喫茶店が二百軒になった最初の手本は神保町裏の喫茶横丁だった。現在よりもずっと多くの喫茶店が、ずらりと並んでいたが、それはたいてい商売人がやっている。そうではなく二百軒のうち大部分が『喫茶店がやりたいなあ』と言って、本当のシロウトが零細資金で始めた店だったのである。どんな人が始めたんだろうという好奇心はそんなところにあった。」（植草甚一『自伝』）

喫茶店ゴロの最後の一群が、マッチのレッテル蒐集家だったように思う。そのなかのさらに最後のグループが、ジャズ喫茶のマッチ蒐集家で、LPファンがオリジナル・ジャケットマニアであるように、集めたマッチのラベルをカラー拡大コピーして、ジャズ写真展の一角に展示することがある。

ふーむ、昭和三年に東京の喫茶店は二百軒、俺の尊敬するもう一人の日本橋ッ子小林信彦は、昭和初期の東京の寄席の数を二百三十軒ほどとカウントしている。講談、落語、浪曲のそれぞれの定席があり、漫才、手品、紙切り、都々逸《どどいつ》（客に出題してもらって即興でやる）、音色《こわいろ》などの色ものがある寄席は、ヨーロッパのキャバレー、中国の茶館と同様に、庶民が芸人を育て芸を磨いた庶民芸術である。

北京の「老舎茶館」でかの地の寄席芸を見たが、講談あり、漫才あり、奇術あり、当てものあり、客席を枡《ます》で仕切った昔の日本の寄席にそっくりで、ちょっとちがうのは、オセンにキャラメルがむこうのほうが豪華だった。

茶館で出る中国式駄菓子を紹介しましょうか。

カボチャのタネ、カシューナッツとナツメと乾しアンズを盛った皿、カリン糖、茶、こういうのをつまみながら演芸を見るのだが、茶や皿が空《から》になるとおかわりを持ってくる。注文すれば麺も出る。食う楽しみなしの娯楽なし。コーヒー一杯で瞑想するようにジャズを聴くジャズ喫茶は中国ではできないだろう。

寄席芸人、ジャズ芸人、ニヒリズム

寄席芸というものは堅気の衆が芸人を育て、芸人は家元徒弟制に属して修業し、飲む打つ買うで芸を磨くものだ。手間ひまかけなければ芸は育たない。寄席が市中に二百三十席あったという昭和初年の庶民芸能の力は大したものだ。

ちなみに昭和初期の東京人口は三百五十万人、震災十年後の昭和八年に震災前の人口の倍、四百万人を超し、地方から流入してきた人々に東京を故郷視させるための新民謡が、全国に散在するハイヤ節系民謡の旋律を、既視感のようにとり入れた「東京音頭」である。

昭和初期の最初の三年間に、東京の喫茶店の数は寄席の数に迫る二百に達し、「喫茶店がやりたいなあ」といって素人がはじめられる商売だったということは、それが震災後のバラック文化だったということを意味する。

大正リベラリズムのモガ・モボ文化には、寄席芸にしめされる江戸文化の、堅気と芸人のケジメを重んじ、徒弟制度の中で修業し、市井の遊びで艶《つや》出しをする芸の仕込みの、如雨露《じょうろ》で根に水をやるような丹精が、わずらわしくなったということがあるだろう。

植草甚一が、出来る片端から喫茶店をまわり「喫茶店ゴロ」といわれたのは、十五歳で震災にあって背骨をおっぺしょられた若旦那には、すでに庶民芸能を育てる根気がなかったということも意味しよう。

神保町のジャズ喫茶には、とくべつの思い出はなく、古本屋歩きをした後に立ち寄って、頁をめくってみる「ラドリオ」「ミロンガ」「李白」などのほうに比重がかかっているということは、俺が昭和初年の植草甚一の末裔ということになるだろう。

それらの店は戦後のもので、甚一青年が通《かよ》った喫茶店があるかどうか知らないが、ジャズ喫茶最古参は横浜野毛の「ちぐさ」、昭和八年のものだということから、昭和三年から五年の喫茶店のモダニズムが想像できる。江戸芸の「封建的」な部分に反発してジャズに手を染めたが、底のほうで江戸とつながっていることは、「ちぐさ」の吉田衛が、落語レコードの有数のコレクターだったことがしめしているだろう。

駿河台上のお茶の水「ナルー」(代々木の「ナルー」とチェーン店)には、はいったことがない。通りをへだてて向い側、現在は「ディスク・ユニオン」のロック店になっている、奥まった路地つきあたりにあった「ニューポート」には何度か行ったが、印象がない。

神保町のジャズ喫茶は、あったのかなかったのか、一九六〇年晩秋、順天堂大学病院の看護婦ストライキ支援の帰り、中大正門前で見つけた、五角型の角店「マイルス」の想い出と、「響」ということになるだろう。

神保町「響」がいつ店をたたんだのかを知らない。引退先の湘南海岸で、もう一度「響庵」という店名のジャズの店を出しているそうだ。

秋口、避暑客が引いたあとの鵠沼海岸あたりに、ハードバップが流れているのではいってみたら、昔ならしたマスターが目礼したなんて、短編小説にでもなりそうな絵柄だが、俺は行かないだろう。短編小説のような絵柄が出る、という答が出ちゃっている。

平然と流されてゆく、植草甚一のニヒリズムのほうがいい。

エピローグ——雨の日はジャズ喫茶で

ダウンビートにて（河野利彦／2005年撮影）

野毛花咲町「ダウンビート」

とつぜん、いまだ。

日付は二〇〇五年三月二十四日、木曜日。

図書館を出ると、雨だった。

雨具の用意はないが、これくらいなら防水加工したウインド・ブレイカーが撥《はじ》いてくれるだろう。

もう一件、買い物がある。

原付バイクでまわってくると、風が正面からぶつかって雨が衣服にしみている。

「ダウンビート」に飛びこんだ。

木曜日の美人がタオルを出してくれた。

ガスストーブがついていた。桜開花寸前のこの季節には、寒さがぶり返すこともあって、ストーブも今季最後の御用おさめということか。

昼下りのこととて客は俺一人。

ストーブの前で水滴をぬぐい、しゃがんで服を乾かしていると、うっすら湯気が出はじめ、しゃがんで火にあたっている俺は、猿みたいだなと可笑しくなり、なんで自分を猿みたいだと思ったかというと、かかっている曲が、ゲッツのボサノバ盤「ゲッツ・オウ・ゴーゴー」だからだと気がついた。

「オウ・ゴーゴー」ということばだ。ゴーゴー踊りは、流行しはじめた当初は「モンキー・ア・ゴーゴー」と言った。ツイストが、黒人奴隷が鎖をちぎろうとする動作に淵源する踊り、といわれているのとちがい、ゴーゴーは猿踊りだ。

日本でも猿楽は、都の大寺で行なわれる国家鎮護の舞いを、俳優《わざおぎ》たちが猿真似したパロディーにはじまる。

昼下り。

白人ジャズ。

濡れた服を乾かすストーブの前。

これとそっくりなシーンを、俺は体験しているぞ。

既視感ではない。実感だ。

そうだ。新宿の「汀《なぎさ》」だった。

アイススケートの帰りだった。

あの日、歌舞伎町にアイススケート場がオープンしたのだ。宮原が招待券をもらってきた。連中と滑りに行った帰途、濡れた服の身体を、当時出まわりはじめた北欧製の「パーフェクション」という石油ストーブの前で乾かした。

ブルーベックの「テイク・ファイブ」が流れていた。ぬるい湯気が出た。一九六〇年代はじめの町の匂いがした。ブンド男の尻の臭い、と俺は名文句を吐いた。

これと同じ場面の中に昔いたことがあってね、とタオルを木曜日の美人に返しながら、俺は「テイク・ファイブ」が流れていた六〇年代はじめのころの、新宿「汀」のことを短く話した。

そのころあなたは、まだ生れていなかったよ。生れていましたよ、「パーフェクション」も知っていますよ、と彼女は言った。

ジェレミー・スタイグ、「貫通猫」

たぶん今季最後の燃焼になるだろう、横浜野毛花咲町「ダウンビート」のガスストーブのある後ろの壁に、フルート奏者ジェレミー・スタイグが描いた「貫通猫」（※―註＝300頁参照）の絵が、パネルに入れられてかかっている。猫が裏窓から、尻えくぼのある裸女を眺めている絵で、「貫通猫」なんて語はないが、スタニスラフスキー演劇修業法に「貫通行動」という語があるだろう。役柄になりきれというような意味で、ことばとして「貫通猫」があってもいいのだが、ジェレミーの描いた絵は、最初に猫を描いて、次に窓枠を描いたのだろう、窓枠が猫の頭を横断しているのである。描き損いかどうか、そこが一つ不明なのだが、ものすごく雰囲気のある絵だ。

右隅に男がいる。ゴマ塩の、といっても彩色画ではないから色があるのではないが、そう感じさせる不精髭の男だ。自画像だろう。

煉瓦塀に窓が切ってある。猫が中をのぞいている。窓にプリンとした女の尻がある。裸だ。尻えくぼがある。

それだけだが、ずいぶん紐育《ニューヨーク》を感じさせる。プリンと張った女の尻だけでメード・イン・USAだ。

「裏窓」というヒッチコック映画があった。ジェームズ・スチュアートとグレース・ケリーが主演した。男は望遠レンズ付カメラで、紐育《ニューヨーク》の生活を盗撮するカメラマンである。あるとき彼のレンズが殺人現場をとらえた……そんな映画だった。

望遠レンズで、一九五〇年代の紐育《ニューヨーク》生活をとらえた「裏窓」の冷たい距離とちがって、窓から室内をのぞく猫の視線に近しい体感温度、窓の内と外とでは、二度の気温差があるようなジャズの距離を感じさせるのが、「貫通猫」図だ。

ジェレミー・スタイグの父親が、ウィリアム・スタイグだと知れば、息子の絵心が解けよう。

ウィリアム・スタイグ。「ニューヨーカー」の常連だった漫画家。鋭く細い描線でサッと仕上げた時事漫画は、これぞ紐育《ニューヨーク》ッ児《こ》の視線を感じさせたし、一九六〇年代末に児童文学に転じ、子豚の絵本が賞をとった。

ところでなぜジェレミー・スタイグの肉筆画が「ダウンビート」にあるのかというと、木曜美人のハズが米人で、ジェレミーの友人なのだ。マスターの田中公平が絵を見せてもらって気に入って発注し、昨年の夏、船便が届いて梱包を解いて店の壁にかけているところに来あわせて、俺は事情を知った。ジェレミー自身も、十月の「横濱じゃず・ぷろむなーど」に自分のトリオを率《ひき》いて出演した。

アカシアの雨とアイススケート

コーヒーを飲んでいると「テイク・ファイブ」がかかった。木曜美人がかけてくれたらしい。さきほど、ちらと言っただけなのにね。

アルテックA7「ヴォイス・オブ・シアター」から出る、盲目のドラマー、ジョー・モレロの変拍子のドラミングがすばらしくよかった。タムタムに入れるスティックの角度までわかる。ブルーベックは、あれからちっともうまくなっていなかった。あたりまえだね。レコード棚に蔵《しま》っておいたら、うまくなるなんてことはないものな。

あいかわらずデスモンドのアルトサックスは、コントロールがいい。A7から出る肉感的な音の厚みを聴いて、デスモンドを白人ホッジスと言うものはいないと思うのだが、楽器のコントロールについてはホッジスに匹敵する。A7の音はいいな。俺もいつかA7を家に持ちこみたい。

歴史はそっくりくり返しはしないのだ。「汀」で尻を乾かしたときと、「ダウンビート」で濡れた服からうっすらと湯気が出はじめているいまは、体感はそっくりだが、四十年かけて、螺旋《らせん》を描いて一循している。

歴史はくり返さない。

二番煎じはやらない。猿は踊らない。

俺はいい雨を、四度ジャズ喫茶で経験した。

最初は「汀」の石油ストーブで乾かした。

二度目は渋谷百軒店。とつぜん空の底がぬけたような雨になって、「SUB」の軒下に逃げこんで眺めていると、アスファルト舗道がたちまち川のようになって、桜桃くらいある雨滴が道にはねて、小さなキノコみたいになるのを背に階段を上って、店内にはいって、店主におしぼりをもらって頭と顔をふきながら、六面体擬似呼吸球スピーカーでジャズを聴き、石ノ森章太郎『佐武と市捕物控』の一冊を読んだときだ。

三度目は、これは「ダウンビート」と、道二筋隣り合う同じ野毛の老舗「ちぐさ」での体験だったが、葉山から横浜に引っ越してきて三月ほど経っていたか、いつものように野毛に出て、降り出した雨をさけて「ちぐさ」にはいると、木枠に組んだ古いガラス扉の向うを、透明ビニール傘をさした人影がかすめ、道路の向う側に駐車してあった車に男が飛びこみ、ワイパーを作動させて出て行ったあと、店の壁際の原付バイクが洗われて、埃の落ちたカウルに街灯が反射して光りはじめるのを眺めたのは、一九八九年の夏だった。

店のママ（名物店主吉田衛の妹）が、やむまで待ってらっしゃいと言ってくれたので、椅子に戻って背もたれ越しに町を眺めていると、ケニー・ドリューのピアノがかかった。軽くスイングして町のテンポよりはやい。さっと一雨来たのに、町のテンポはあんがいのんびりしている。これが港町の雨というものだろう。

俺は雨のヨコハマを知らなかった。八〇年代にはいると活動拠点を東京から横浜に移していたが、雨の日に、わざわざ葉山から横浜に出やしないのだ。

じゃあ濡れて帰ろう。濡れたといったってTシャツと綿パン。濡れねずみで家に帰って、洗濯器に放りこんで、熱いシャワーをあびて、ひさしぶりに自分が都会生活に戻ったことを実感した。

いまが四度目のジャズ喫茶の雨だ。

十年に一回ということになるな。日本は雨の多い国だが、雨を選んでジャズ喫茶に行くということはないのだから、途中で雨にぶつかって、うむ、俺のジャズ理解の深度は、雨に降られて待避するたびに、都市全体像の変貌に比例するほどのものである。と結論が出かかって、まてよ、最初に「汀」の石油ストーブで尻を乾かしたのは、アカシアの花のように雨にうたれたのではなく、アイススケートでコケただけじゃないか。タハッ。かっこわるい。

ここで巻を閉じよう。

あとがき

これは反小説《アンチロマン》ではなかろうか。当時の町並み、曲、再生装置を記述するほどに、神話に近づいてゆく。

ジャズ喫茶通いを四十四年やっている。すわって、コーヒー飲んで、聴いているだけだ。備えつけの雑誌をめくったりすることもない。もっぱらアドリブの尻を追い、考え事をする。

まるで坐禅坊主だ。

その「瞑想」の内容は、過去にジャズ論としてどんどん外へ飛び出した。アドリブの尻を追って頭の中で渦巻いた観念は、レジで金を払って、外へ出た後の俺の行動となって、本にもなっている。

ところが、幻想撒布器と化したジャズ喫茶の自分自身は、沈香も焚かず屁もひらず、影が薄い。実際そうなのだからしかたないのだが、本書のように自分が「主人公」となる場合、ドタバタの大立廻りとはゆかずとも、ちょっとはアクションもやらせたい。

そこでジャズ喫茶で読んだ本はなかったかと探すと、渋谷「ＳＵＢ」で読んだ石ノ森章太郎『佐武と市捕物控』になり、いちばん議論したこととなると、目黒の「チャバン」でやったＤＪやら、ワセダの「もず」や「クレバス」や、ジャズ研部室でやった超現実主義の実験、あるいは新宿「汀」地下の陰謀の錬金術になるだろう。

ジャズ喫茶オデッセイに挿入される、江戸の捕物帳が自分でも好きだ。ジャズ喫茶でジャズを聴くことの意味が、逆光の中の逆手斬りのように浮かび出る。

言論の自由とは、妄想の自由と冗談の自由だ。妄想と冗談は、ジャズアドリブの尻を追ってセクシーになる。それが俺のジャズ喫茶通いだ。

松坂比呂さんの『ジャズ日本列島』を片手に、旅先のジャズ喫茶めぐりをする人たちがいて、俺がその一人だ。その一人として、一九六〇年代と七〇年代前半の東京ジャズ喫茶シーンを、俺一人称で描き出したことが、世相風俗資料としての本書の値打ちになるだろう。これ以上は悪魔と組まなければ無理だ。組もうかね。

本書は平凡社文芸編集部・高丘卓氏の名編集と、鈴木成一氏のファンキーな造本で世に出る。扉のイラストは矢吹申彦氏が七〇年代「ＤＵＧ」の広告のために描いたものだ。時代相はガラス窓の外の景色として放っておく。そういう方針で本書の軸がすわった。記して感謝する。

二〇〇五年八月二十四日

平岡正明

著者紹介

平岡正明 ひらおか・まさあき

一九四一年、東京・本郷に生まれる。作家、評論家。六〇年安保闘争以後、早大ブントと訣別、暴動をプロレタリア最大の反抗の武器として捉え、政治結社「犯罪者同盟」を設立、その理論武装書『犯罪あるいは革命に関する諸章』を著す。早大中退後、六七年に北米黒人・ジャズ・資本主義を、マルクス主義を軸に論じた『ジャズ宣言』によってジャズ批評家として衝撃デビューをする。六〇年代末の全共闘運動の渦中、ノンセクトラディカル派のカリスマ的存在として絶大な思想的影響力をおよぼす。七〇年代後半には芸能論『山口百恵は菩薩である』がベストセラーに。以後、政治・文学・芸能（ジャズ、映画、歌謡曲）など思想・文化全域を批評対象として位置づけ、独自の民衆史観的視点から鋭い問題提起を発しつづけている。落語から江戸・東京庶民の精神史を照射・研究、二〇〇五年一月、法政大学出版局より『大落語』を刊行、落語界を震撼させた。主な評論に『新内的』『江戸前』『浪曲的』『大歌謡論』『平民芸術』『横浜的』『野毛的』『チャーリー・パーカーの芸術』。小説には『闇市水滸伝』『韃靼人ふうのきんたまのにぎりかた』『皇帝円舞曲』などがある。著書は一二〇冊を超える。二〇〇九年、逝去。

ボーナストラック

野毛のジャズ喫茶

平岡正明

「ちぐさ」と「ダウンビート」という対極的なジャズ喫茶がある。

前者の音が鋼鉄針を使った戦前のダンスホールの電蓄の延長上にあるとすれば、後者の音は、シネスコの音だ。それもシネスコ第一作『聖衣』が公開されたとき、銀座人種を驚倒させたメリケン・サウンドの――。

ジャズに「ホーボー・フラッツ」とか「ボロ・ブルース」という曲がある。どちらも日本語起源である。鉄道の無賃乗車常習者を「ホーボー」といい、貨車に忍びこんで方々に行くことからきた。テナー奏者ジミー・フォレストの『アウト・オブ・ザ・フォレスト』という盤の最初に「ボロ・ブルース」(Bolo Blues) が入っていて、夕暮れ迫って屋根の低いかつての東京下町を流す豆腐屋のラッパみたいな音を模して始めるところが、世界の民謡のなかでもっとももの悲しい旋律の日本の唄を口ずさんで家路につく日系移民の鉄道労働者たちと、黒人ブルースの密会場面を伝えているようで、これは名曲だ。

俺の理解だが、この曲でジミー・フォレストはダンテ『神曲』を意識しているような気がする。森《フォレスト》とは煉獄の最初にある小暗き森で、そこには神と悪魔の戦いのどちらにも就かなかった卑怯なる天使たちがすすり泣いていた。

前世紀の今ごろ、黒人たちに日系移民の嘆き節がそのように聴こえる接点が鉄道工事現場のどこかであったにちがいなく、小柄で、骨も細い東洋人の民謡を、あるいはそれは線路工夫たちが愛した関東節浪曲のやるせない一節だったかもしれないが、トンネル掘りのジョン・ヘンリーみたいな筋肉男《マッチョ》を出した黒人たちは、嘆きに溺れて牙を剝くこともない天使たちの合唱と同情の眼で見て通り過ぎたのではなかろうか。

野毛のジャズ喫茶にご案内しよう。全国的に有名な店は「ちぐさ」と「ダウンビート」である。

ちぐさ

「ちぐさ」には今でもジャズ喫茶巡礼がくる。扉を押して入ってきた客が、背広姿の中年で、ここが日本で一番古いジャズ喫茶のちぐさかという顔で店内をひとわたり見たあと、正面にある二基の巨大密閉箱型スピーカーシステムの音をちょっとたしかめてから、壁際に並んだ小さな椅子の一つに腰を下ろすようなら、きっとジャズ喫茶行脚のホーボーの一人だ。

「ちぐさ」は一人客が出ていくのと入れちがいに一人また入ってくることが多い。偶然だと思っていたが、このあいだ、偶然じゃないその秘密に気がついた。通りに面したこの店の木枠に厚いガラスのはまった扉がひらくと、スィンギーな音がワッと外にあふれてくるのだ。その音は、俺ンところはBGMなんかじゃなくてリアル・ジャズを鳴らしているんだぞ、というある種の貫録があって、ソバ屋のカツオダシの匂いが客をひきつけ、焼鳥屋の薄煙が呑みすけをたまらなくするような効果をもっているものだ。ハハハ、水滸伝研究会の帰りにね、今夜は村田家で柳川鍋で飯を食べようと十人ばかりで歩いていると、ゲッツの音がして、面子が二、三人ツッツと三、四歩のめっちゃった。

「ちぐさ」を訪ねるのは夜の七時がいい。関内か南京町で飯を食って、コーヒー一杯といいジャズで横浜の仕上げをして港町のまろやかな宵のうちにご帰館という日には「ちぐさ」にたちより、この時間帯だけは客の少ない店の壁一列の小さな固い椅子に腰を下ろすと、おやっさん（吉田衛《まもる》 神奈川新聞社『横浜ジャズ物語』の著者だ、ご存知でしょ？）はたいがい気嫌よく、コーヒー、紅茶、コーク、ジュース、初恋の味カルピスの各四百円五種類しかないメニューを出すから、注文したあと壁一面にかけられたレコード・ジャケットを眺めていると、大音響のなか、こんどは部厚いファイルを出して彼がボソボソ言う。あれは宿帳に記入しろと言っているのではない。「リクエストは？」と問われているのだ。

ジャズ喫茶のマスターからリクエストを請求されるのはあまりないことだからびっく

りするだろうが、同じびっくりするなら壁のジャケットを見てびっくりした顔をした方がいい。CDしかないはずの最新譜のLPジャケットがあるからだ。あれは手作りジャケットだ。CDのペーパーをカラーコピーで拡大し白ジャケに貼ったものだ。あなたのびっくり顔がよければ、おやっさんは眼鏡ごしに上客が来たときの質屋の番頭のような視線を送ってよこし、五〇年代西海岸派あたりのいいやつを一枚かけてくれる。

出てくる音は、戦前のダンスホールの延長のはずだ。客は壁際に一列、スピーカー正面のいいところはカウンター内のおやっさん一人だけというこの店のへんてこなレイアウトは、ダンサーたちが壁際に並び、客の指名チケットを受けて一枚で一曲踊る戦前のダンスホールスタイルじゃないかな。昭和八年創業、日本最古のジャズ喫茶「ちぐさ」における大正デモクラシーの残光。

ダウンビート

夜が更けたら「ダウンビート」だ。パチンコ屋なら「蛍の光」、ジャズ喫茶は「ラウンド・アバウト・ミッドナイト」がかかれば客出しだが、この店で、「ラウンド・アバウト」が鳴るのは十一時過ぎ、東京行き終電の前だ。葉山に住んでいた頃、俺の横浜の仕上げは「ダウンビート」が多かった。ジンクスがあって、中華街の「ブラジル」でまとめた出版計画というのはうまくゆき、そのあと東京の編集者と別れ、関内の町並みをひろってから馬車道、吉田町とたどって野毛に入る。「三陽」でラーメンを食べて「ダウンビート」に入り、コーヒー一杯で終電までねばるのである。終電といっても十二時八分、金沢八景発逗子行き京急支線だからそれに間に合うように日ノ出町まで歩いていくのだが、一日最後の数時間を野毛で過ごさないとおさまりがわるかった。

ほな、お腹あたためて寝ましょうか、というのが上方流の一日のしめくくりかただ。あれはいい。昼日なかずっと一緒に付き合っても、または気まずい議論をしても、うどんかラーメンを食べて一日は終わり。明日はまた明日。そのやり方に上方人の優しさと文化的成熟を感じるものだ。引き際の悪い男はいやだ。お前となら朝まで付き合うぜ、とひっついてくるのは、ありゃあ農閑期のお百姓さんの心理かねぇ。

あなたの本には野毛のラーメンが似合う、と満足して桜木町から東横線各停で帰る人もいた。うん、ありがとう。でも俺の本には野毛のラーメンだけが似合うわけではないのだぞ。港の夜景を見ながらのフルコースだって合うんだぞ。ま、そのようにして腹をあたためてから友人と別れるが、「ダウンビート」にさそったことはない。

「ダウンビート」のせまい階段を上る気分は、かつて新宿二幸わきにあった「DIG」に近い。店内に足をふみ入れた時の気分は、これもかつて、飯田橋河畔にあったエジプトねずみでも出そうな「スイング」に近い。

入った鼻先にレコード室があって、ガラスにかこわれてレコード棚とプレイヤー、アンプが置いてある。のぞき込むとLP用プレイヤーは、ソニーのターンテーブルにグレースのパイプアーム、米国製シュアのV15カートリッジ、アンプが国産のアキュフェーズのプリとメイン。

入って右手の細長いところに九席のカウンター、ここで酒が飲めるが、アルコールなしの「ちぐさ」とまずここがちがう。

左手がジャズルームで、ここは広く、赤いのと黒いのとルーズなクッションの椅子が三十七席ある。左手短辺にアルテックA7スピーカーが二基、ブロック積みの土台の上に置いてあり、スピーカーの真ン中に、コントラバスの表側甲板を張りつけたドアがあり、あけると便所だ。コンクリ壁にはマイルス、ブレイキー、コルトレーンを描いた油絵肖像画がかかっているが、どれも煙草のヤニで変色している。天井には反響をおさえるためだろう雲形のボードがつり下げられていて、このボード一面、米版『ダウンビート』誌の切り抜きが貼りつけられ、珍品のVディスクや局用四〇センチSP盤がピンでとめられている。

昔はさぞモダンな店だっただろう。キャメルやラッキーストライクの洋モクに後光がさしていた時分、真紅と漆黒のストールはハマのバタ臭さの先端を感じさせたのだろうが、その上ではずみ続けた客の尻によって今はアンコがルーズになり、そのルーズさが、ルーズなまでに貪欲にいろんな音楽の要素を取り入れた結果だらしなくなったジャズの味わいにちょうどよくなっている。「ダウンビート」の客はこのルーズな椅子にルーズな姿勢でジャズを聴くのだ。これも、壁際に一列にならんで行儀よく聴く「ちぐさ」との大きなちがいだ。

この店の客種は雑多だ。かかる曲の傾向も雑多で、スイング、前衛、ボサノバ、パコ・デ・ルシアの『カストロ・マリーン』までかかる。壁に二冊の雑記帳がかかっていて、雑多な文字で雑多な印象記が書かれている。

スピーカーはアルテックのA7だ。「ヤンキーガールのおまんこ」とも称される機種で、どんな音が入力されても明朗に鳴ってしまうというスピーカーを、トランジスタのハイパワーアンプで駆動する音がどんなものかは想像できよう。802Dドライバーのアッテネーターをしぼっていないのではないかと思うほどあけっぴろげの音だ。

「ちぐさ」の音が鋼鉄針を使った戦前のダンスホールの電蓄の延長上にあるとすれば、「ダウンビート」の音はシネスコの音だ。それもシネスコ第一作『聖衣』が公開されたとき、銀座人種を驚倒させたメリケン・サウンドの。

あるシケた夜に、ビリー・ホリデイの『レディ・イン・サテン』がかかって、思うことがあった。このLPの一曲目「アイム・ア・フール・トウ・ウォント・ユー」を真似したものが庄野真代の「アデュー」という曲であることはわかっていた。男へのとどかぬ想いをトロンボーンの音色に托すというところは歌手ならやってみたい演出にちがいない。下敷はわかってるよ、とあけすけには言わなかったが、歌手生活を中断する前の「アデュー」という曲に対し、「天高く馬肥えて、翔んでる女がポタポタ落ちる秋、庄野真代が本音に近いところで歌った」と新聞紙上で評し、痛いことを言われたと本人に言われたのは一九八三年のことだったと思う。

庄野真代はおばさんになってしまったが、十年前はいい女だった。「飛んでイスタンブール」「モンテカルロで乾杯」「シンガポール航海《マリーン》」などはなかなかのものだった。「アデュー」で俺が鼻白んだ批評の真意は、日本の翔んでる女なんてビリー・ホリディの物真似でおわりかい、ということだ。俺はインテリ女と、男では小天才がにがてだ。カリスマ性が同質の者を吸引し、吸引しあったとたん小便くさい閉鎖系をつくってしまう。

女でいいのは白痴美、男は無頼だ。

「ダウンビート」のルーズなクッションの上で『レディ・イン・サテン』をきいて、庄野真代をゆるしてやろうという気持になって、家にかえって『レディ・イン・サテン』（コロムビア）を出し、MGM盤の『ラスト・レコーディング』もひさしぶりにひっぱりだして聴いた。どちらも伴奏がレイ・エリス楽団だ。生ッ粋のジャズ楽団ではなく、弦楽つきのムード音楽楽団というところだが、ビリー・ホリディがひきたててやった楽団で、またその弦楽つきの柔らかな雰囲気を彼女は好んで、晩年の録音では指名したものだ。

ジャズの巨匠たちが晩年に弦楽伴奏《ウィズ・ストリングス》を好むというのは、一九五〇年代くらいまでは、黒人の劣等感からだと言われている。そのとおりだろう。ただ、「ダウンビート」で聴いた一枚に、一般論とはちがう印象があり、家に帰って、俺のもスピーカーはアルテックなのだが、アンプを常用の直熱三極管シングルWE205Dからダイナコの6CA7プッシュプルにかえて、ビリー・ホリデイを聴くと、不世出の大歌手ビリー・ホリデイの死もポリバケツに放りこんで平然と進む一九五〇年代アメリカの富をききとることができた。

ビリー・ホリデイの死は一九五九年七月である。彼女が老婆のような声で歌う「オール・オブ・ユー」や「オール・ザ・ウェイ」が吹き込まれたのはその年の三月。伴奏・編曲が先に述べたレイ・エリスで、軍楽隊にいたというだけで大したキャリアもなく、ビリー・ホリデイに見出されてレコーディングの機会を得た平凡な楽団の音が、不世出の大歌手の死を前にして豪華な音を出してしまうのであり、アルテックのスピーカーは、そんな製品が生まれた一九五〇年代アメリカ帝国の偉容を奏でてしまうのである。

「ちぐさ」ではそういう音でジャズは鳴らさない。「ちぐさ」のスピーカーはYLのホーン型が主体で、低音をジムラン、高音をナショナルが受け持つ混成型で、各スピーカーを理論値どおりに帯域分割したトランジスター・アンプで鳴らすものだが、アルテックのあけっぴろげぶりに理づめで対抗しようとした国産スピーカーには苦学生の真面目さみたいなものがつきまとう。

「ダウンビート」の音は、闇市時代の飢餓感のなかであおぎみた舶来品の栄光をすなおにとりいれたものだ。店主安保《あぼ》隼人《はやと》さんの信念は、ジャズとは闇市へのノスタルジアだというところにあるはずだ。その音は、俺が〈秘法19番〉（元はアンドレ・ブルトン詩集『秘法17番』）と感嘆した「萬里」のメニュー19番、特別中華ランチの味とパラレルである。それは疎開先から東京に戻って、父親に大井町で食わせてもらったチャプスイの味と同じものだった。

「ちぐさ」と「ダウンビート」という対極的なジャズ喫茶がある。野毛文化の豊饒さである。シケた気分でいればいるほど、それがデラックスな妄想に変ってゆく秘法、たとえば最高のジャズの味わい方は、銃弾にぶちぬかれてポリバケツの傍らで死んでゆく際に聴くマイルス・デヴィズの「いつか王子様が」だろう、といった気分になるのは終電迫る野毛小路を通りぬけるときだった。

さて、終電を逃がしてしまったシケた夜の野毛の過ごし方は、森直実先輩におまかせする。

弔辞

山下洋輔

平岡さん。平岡正明さん。

あなたはやはり自分勝手な人だった。皆をおいて勝手にどんどん逝ってはいけませんよ。

皆、こんなに悲しんでいるのですから。と言ってもいうことを聞くあなたではない。多分「あ、そう」といってあの笑顔で豪快に笑い飛ばされるのでしょう。

思えばこの勝手さの見事な表現が、あなたの人生であり仕事であったと思います。もう四十年以上の昔、まだ私があの一九六九年のビッグバンに達していない頃に、もうあなたは私を褒《ほ》めちぎっていたという記憶があります。私が病気の間も褒めちぎっていた。私自身には自覚の無い、ほとんど身に覚えの無いことが述べられていて、つまりこれが平岡誤爆の初体験でした。しかし、この人にこう言われては奮い立たずにはいられない。そういう気持ちがむくむくと湧いて来たのは確かです。そうまで言われれば、恥ずかしいことは出来ない。明らかにあなたは音楽家に影響を与えたのです。相倉久人さんとは別の方法で、あなたは私にビッグバンを迫った存在だったのだと今わかります。

実力と技術と経験と才能に裏付けされた自分勝手さを、時には誤爆を承知で叩きつける。これは、まさにジャズマンの生き方です。あの爽快な文章で褒められた者の快楽や幸せしか私は知りませんが、逆の立場であの猛烈な文章にさらされた方々はどうであったのでしょうか。オキテ破りの強烈な共演者に叩き出されそうになるフリーセッションのプレイヤーのようなものでしょうか。

これは誤爆ではありませんが、早い時期にあなたが私のピアノ奏法を分析したことがありました。「座頭市奏法」、これは自分に物事を引きつけるという得意技で当然ですが、などに並んで「猫手奏法」というものも提示して下さいました。猫がじゃれるように両手が鍵盤を駆け巡るということだったと記憶しています。その頃私は今のように確信を持って猫を愛する人間ではなかったのですが、やがて時が経ち、気がついてみるとそうなっていました。ニューヨーク・トリオの最新アルバムに「トリプル・キャッツ」という猫に捧げた曲を入れ、それをタイトルチューンにしています。弾くたびに自分は猫になったつもりで暴れているのです。いつのまにか予言が実現されている。まことに不思議な人です。

あなたの訃報に接して、私の知り合い、友人、盟友達からもさまざまな声が届きました。

「残念です。あの笑顔は忘れられません。小生の分も、弔辞をよろしくお願いします」

こうおっしゃったのは筒井康隆さんです。その筒井さんのネットファンクラブには様々な方々が言葉を寄せられました。

「『ヒトラー学入門』のゲッベルスの演説をジョニー・グリフィンの奏法と対比させて論じたくだりなど、読んでいて酔っ払いました」飯塚弘起さん。

「平岡さんにはいろいろなことを教えていただきましたが、社会や歴史、文学、音楽から森羅万象まで、ありとあらゆるものを面白く読み解いてよい、という革命的思想がいちばん大きいように思います。あちらの世界に行かれても、あのニコニコと楽しそうな笑顔でますますご活躍されることを祈ってやみません」平石滋さん。

「大学生のとき、いっぱしの筒井読み気取りでいたけれど、平岡さんの『筒井康隆はこう読め』を読んで、『お前の読みなんぞ、百万年早い』とガツーンとやられました。あれは、自分のその後の人生を考えると、非常によかったです」中村正三郎さん。

それからあなたの傑作『毒血と薔薇——コルトレーンに捧ぐ』のあとがきを書いて、出版イベントで一緒になって意気投合したと、とても喜んでいたのが若者のカリスマ菊地成孔です。「陽気で元気で、無邪気で、喧嘩と仲良しが大好きな先生でしたので、湿っぽい話なんざしません。日比谷野音では武田さんだけでなく、平岡先生もやって来るので、実に景気の良い話になりました」とあなたが乗り移ったような勢いで、自分のブログに書いています。

これからも無数のあなたの功績が語られ、それは我々が悲しんでいる時間を忘れさせる程のものかも知れません。でもやはり、私は悲しい。一度もちゃんと話した記憶がないような気がするからです。これからのつもりでした。江戸と薩摩の我々の先祖について議論したかった。出会った時の思い出話をお互いにして、どのように記憶が誤爆されているのかをあれこれ詮索したかった。落語について、大道芸について、その他、ありとあらゆることについて、ご自身の口から語られる言葉をもう一度聞きたかった。まだまだ時間があると思っていました。むしろこれからゆっくりとそういう時期を過ごす人生になっていくのだと思っていました。いくら話しても話しきれない共通の楽しい記憶を持つ友人は、そう沢山はいません。あなたがそうだったのに。残念でたまりません。

こうなったら世にいなくてもいつも一緒に生きている気になる、あのジャズマンたちと同じに考えるしかありません。サッチモやパーカーもモンクもいつも我々と一緒にいます。そちらに行って皆と一緒にこちらを見ていてください。どんな誤爆をやって皆を魅了しているのか、楽しみです。

そんなことを考えて、ふと思いました。これからは、季節はずれの稲妻を見るたびに「あ、平岡、また誤爆をやっているな」と思うことにします。まるで神業ですが「ジャズより他に神はなし」と言い切ってこの世に登場したあなたです。これほどふさわしい人は他にいません。

皆があなたの記憶と共に生きていきます。

ではでは、今はこの世のオキテにしたがって、ひとまずお別れしましょう。

さようなら、平岡さん。さようなら、平岡正明さん。

二〇〇九年七月十三日

山下洋輔さんと平岡のこと

平岡秀子

二〇〇九年七月十三日、夫・平岡正明の横浜・久保山《くぼやま》での葬儀が終わって、霊柩車《れいきゅうしゃ》が火葬場に向かうときに、気づくと山下洋輔さんがひとり離れて、誰もいかないような狭い植木の前に立って、合掌されていました。その姿が未だに忘れられません。

その葬儀の直後、日比谷野外音楽堂でのコンサートの際に大きな雷が鳴ったそうなんですが、「あれ、平岡だぞ」って、みんなで楽屋で話したと山下さんから聞きました。

葬儀の後、調布市仙川《せんがわ》で山下さんが平岡の追悼ライブを開いてくださり、そこに伺ったんです。

その直前にＮＨＫで山下さんの演奏風景が放映されているのを見て、私何故か涙が出てしまったので、山下さんに「おかしいでしょう、私、夫でもない山下さんの顔を見た瞬間、泣けちゃったの」って伝えたんです。

普通だったら、そこで平岡の話になるでしょう。でも、山下さんはそれを聞き流して、私の娘の蘭子の話ばかりしている。まだ話すのが辛かったんだと思いました。

山下さんと平岡の仲なのに、山下さんが弔辞の中で言われている通り、意外と二人でじっくりと話し込んだことはないと思います。「平岡は老後の楽しみ」とも言われていました。

我々が葉山《はやま》に住んでいた頃、一家で山下さんのご自宅に遊びに行ったことがあります。蘭子は山下家の広いスタジオとグランドピアノにびっくりして、当時流行《はや》っていたピンク・レディーの「UFO」を歌って踊って、その後に何か別の歌を歌ったんですが、山下さんが、

「その曲、もらった！」

と叫んで、一回聞いただけなのにすぐにアレンジしてピアノを弾かれたんです。

「すごい！　山下おじちゃんは天才だ！」と蘭子。その瞬間にただの父親のお友達のおじさんから、急に見る目が変わってしまって、「高校入学時の保証人は山下さんでないと嫌」と言って聞かない。仕方なく山下さんにお願いしたところ、

「ああ、そう。お礼はなあに？」

って言うから、

「なにもありません」（笑）

私は平岡のことをいつも「小学校四年生ね」って言っていましたが、山下さんも同じで、本当に少年のように無邪気。好きなことばかりを追求して、全力で遊んで。二人の長時間の電話の会話もいつも「小学四年生」。

家にいるときは、平岡は籐椅子に座って、手には何かしら本を持って、基本ジャズをかけているんですけど、執筆の参考にする際には演歌や落語、浪曲まで、延々と大音量でかけているので、そんな時はなかなかつらいですよ。

とにかく、ジャンルにこだわらず、クラシック、シャンソン、それでも真ん中には絶対にジャズがありました。

二〇二四年三月に刊行された『平岡正明著作集　上・下』（月曜社）に、五木寛之先生が推薦の言葉を寄せてくださいました。かつての平岡の言葉である「山口百恵は菩薩である」を踏まえて、「平岡正明は未完の仏である」と書いてくださいました。それが、自分の中にあった漠然としたイメージと結びついて、私は平岡の死以来、初めて大号泣して、知り合いみんなに電話をかけてしまったのです。

最期の頃の平岡は身体が動かなくなっても、まだ県立図書館に連れて行って欲しいって言う。生きているのが精一杯な状態なのに、何故まだこんなに苦しい勉強をしなくちゃいけないのって、もっと楽しいことをして過ごせばいいのに、と当時は思っていました。

でも本人からすれば、図書館に行って、書物をひも解いているのが至福の時間だったのだろうと、十五年経ってようやく気付きました。

先の『著作集』二冊を平岡の位牌《いはい》と並べて置いていましたが、今回、そこにこの『昭和ジャズ喫茶伝説』も連なります。

ブックデザイン　鈴木成一デザイン室
イラストレーション　矢吹申彦
マッチコレクション　柴田浩一
写真「ミントンハウス」「ダウンビート」河野利彦
「ジャズ日本列島50年版」(季刊ジャズ批評別冊／一九七五年)より
p14-15、128-129、218-219
協力　ジャムライス
ジャズ批評社
ジャズ喫茶ダウンビート(横浜・野毛)

本書は二〇〇五年一〇月、
平凡社より刊行された単行本を増補したものです。

ボーナストラック初出
・野毛のジャズ喫茶　「ハマ野毛創刊二号」一九九二年六月（野毛地区街づくり会内タウン誌編集委員会）
・弔辞　「THE ART TIMES No.5」二〇〇九年一二月（デラシネ通信社）
・山下洋輔さんと平岡のこと　書き下ろし

本文中には今日の人権意識に照らして不適切と思われる語句や表現が含まれるものもありますが、差別の意図はなく、執筆当時の時代的背景及び文化的価値、著者が故人であることを鑑みて、そのままといたしました。

ちくま文庫

昭和《しょうわ》ジャズ喫茶《きっさ》伝説《でんせつ》

二〇二五年二月十日　第一刷発行

著者　平岡正明（ひらおか・まさあき）
発行者　増田健史
発行所　株式会社　筑摩書房
東京都台東区蔵前二―五―三　〒一一一―八七五五
電話番号　〇三―五六八七―二六〇一（代表）
装幀者　安野光雅
印刷所　株式会社精興社
製本所　株式会社積信堂

乱丁・落丁本の場合は、送料小社負担でお取り替えいたします。
本書をコピー、スキャニング等の方法により無許諾で複製することは、法令に規定された場合を除いて禁止されています。請負業者等の第三者によるデジタル化は一切認められていませんので、ご注意ください。
© Hideko HIRAOKA 2025 Printed in Japan
ISBN978-4-480-44005-1　C0195